einfach INFORMATIK

Programmieren

erarbeitet von
Juraj Hromkovič
Tobias Kohn

Ernst Klett Verlag
Stuttgart · Leipzig

Inhaltsverzeichnis

1 Die ersten Programme

Programmieren bedeutet, mit dem Computer zu kommunizieren. Wir teilen dem Computer mit, was er zu tun hat, und zwar in einer Sprache, die er versteht. Sprachen, die der Computer versteht, nennt man **Programmiersprachen**.
In „einfach Informatik" verwenden wir die Programmiersprache Python.

Wie jede natürliche Sprache besteht auch eine Programmiersprache aus Wörtern, die eine bestimmte Bedeutung haben. Man verwendet eine Programmiersprache, um dem Computer Anweisungen zu geben. Deshalb nennt man die Wörter einer Programmiersprache **Befehle** oder **Instruktionen**. Ein **Programm** besteht aus einer Reihe von Befehlen einer Programmiersprache.

Das Ziel des Programmierens ist es, eine Tätigkeit zu **automatisieren**. Das bedeutet, dass wir die Ausübung einer Tätigkeit komplett dem Computer überlassen. Computer sind aber im Unterschied zum Menschen nicht fähig zu improvisieren. Deshalb müssen die Befehle, die wir dem Computer geben, eindeutig sein. Um eindeutige Befehle geben zu können, müssen wir die gewünschte Tätigkeit zuerst selber vollständig verstehen und beschreiben können. Erst dann können wir die Tätigkeit in eine Programmiersprache übersetzen und dem Computer Befehle erteilen.

In diesem Kapitel lernst du, deine ersten Programme zu schreiben.

Zeichnen mit der Schildkröte

Die Programmiersprache Python besitzt viele Befehle, von denen du einige kennen lernen wirst. Zu Beginn lernst du Befehle, mit denen du den Computer beauftragen kannst, beliebige Objekte zu zeichnen.

Beispiel 1

Schreibe das folgende Beispiel in TigerJython ab. Achte darauf, dass du es genau abschreibst. Auch die Zwischenräume und die Groß- und Kleinschreibung müssen stimmen. Klicke anschließend auf das grüne „Play"-Symbol oben, um das Programm auszuführen. Es sollte sich ein Fenster mit einer kleinen Schildkröte (Turtle) öffnen. Die Schildkröte geht darin 150 Schritte vorwärts. Danach kannst du das Fenster mit der Turtle wieder schließen.

```
from gturtle import *
makeTurtle()
forward(150)
```

Was ein Programm zum Zeichnen immer braucht

Wenn du zeichnen willst, musst du es dem Computer zuerst mitteilen. Dazu schreibst du die Befehle:

```
from gturtle import *
makeTurtle()
```

Bei diesen Befehlen weiß der Computer, dass er die Turtle laden soll, die wie ein Stift zeichnen wird. Mit der ersten Zeile lädst du die Turtle, mit der zweiten Zeile wird das Fenster zum Zeichnen geöffnet. Du bestimmst dann die Bewegungen dieser Schildkröte und sie hinterlässt eine Spur, die ihren Bewegungen entspricht.

Neue Konzepte und Befehle

Zur Steuerung der Schildkröte gibt es folgende grundlegende Befehle:

- `forward`(**Anzahl Schritte**)
  Vorwärts gehen. Somit geht die Schildkröte bei `forward(150)` um 150 Schritte nach vorne.
- `back`(**Anzahl Schritte**)
  Rückwärts gehen. Somit geht die Schildkröte bei `back(17)` um 17 Schritte rückwärts.
- `left`(**Winkel**)
  Nach links drehen. Somit dreht sich die Schildkröte bei `left(120)` um 120° nach links.
- `right`(**Winkel**)
  Nach rechts drehen. Somit dreht sich die Schildkröte bei `right(90)` um 90° nach rechts.

Eine Folge von Befehlen einer bestimmten Programmiersprache nennt man **Programm**. Beim Aufschreiben des Programms enthält jede Zeile jeweils genau einen Befehl.

Beispiel 2

Das folgende Programm zeichnet ein Rechteck der Größe 100 × 200. Die Größe wird in der Länge der Schildkrötenschritte gemessen.

```
from gturtle import *
makeTurtle()
forward(100)
right(90)
forward(200)
right(90)
forward(100)
right(90)
forward(200)
right(90)
```

Überlege und skizziere auf einem Papier, welchen Weg die Schildkröte bei der Ausführung des Programms läuft. Schreibe dann das Programm ab und überprüfe seine Funktionalität, indem du es vom Computer ausführen lässt.

1 Schreibe ein Programm, das ein Quadrat der Größe 150 × 150 zeichnet.

2 Entwickle ein Programm, das ein gleichseitiges Dreieck mit der Seitenlänge 200 zeichnet. Gehe dabei so vor:

A Skizziere auf Papier den Weg, den die Turtle laufen soll.

B Überlege, wie groß die Winkel eines gleichseitigen Dreiecks sind. Die Turtle dreht sich jeweils um 180° minus den Winkel des Dreiecks.

C Schreibe das Programm in Python.

3 Schreibe ein Programm, das einen Rhombus gemäß der Skizze unten zeichnet.

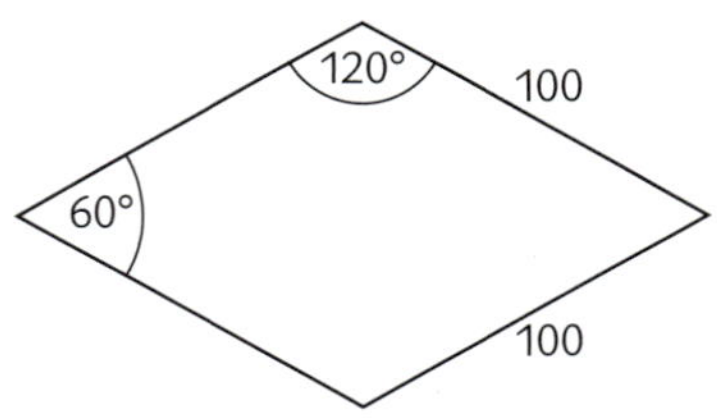

4 Schreibe ein Programm, das einen Blitz wie in der Skizze links zeichnet. Wähle selber die Länge der Linien und die Größe der Winkel.

Beispiel 3

Mit folgendem Programm zeichnet die Turtle ein Rechteck. Überlege zuerst, wie die Turtle läuft. Schreibe dann das Programm in TigerJython ab, führe es aus und beobachte, welchen Weg die Turtle läuft.

```
from gturtle import *
makeTurtle()
back(200)
right(90)
back(300)
left(-90)
forward(-200)
right(90)
forward(-300)
left(-90)
```

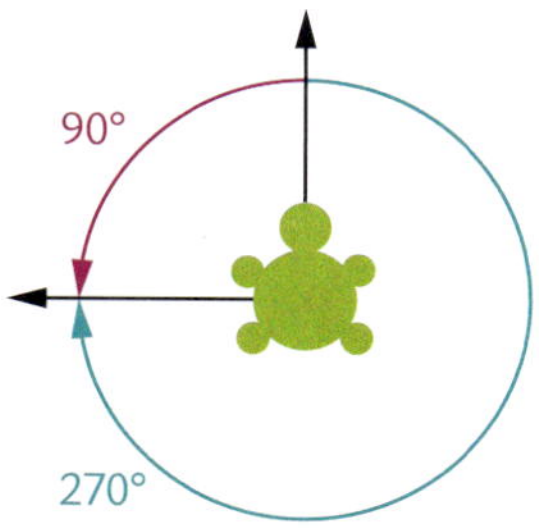

Zwei Befehle genügen

Von den vier Befehlen `forward`, `back`, `left` und `right` reichen eigentlich zwei Befehle, um alle Bilder zu zeichnen. Einer ist zum Zeichnen einer Linie (z. B. `forward`) und einer ist zum Drehen (z. B. `right`). Anstelle von `back(200)` kannst du auch `forward(-200)` schreiben. Anstatt `right(90)` kannst du auch den Befehl `left(-90)` verwenden.
Bei den Winkeln gibt es eine weitere Möglichkeit: Die zwei Befehle `left(90)` und `right(270)` haben die gleiche Wirkung, weil sich 90° und 270° auf 360° ergänzen. Das heißt, 90° nach links ist dasselbe wie 270° nach rechts (siehe Abbildung links).

5 Schreibe die Befehle so um, dass `left` zu `right` wird und umgekehrt.
Die Turtle soll am Ende in die gleiche Richtung schauen. Beispiel: `right(90)` wird zu `left(270)`.

A `right(80)`
B `left(310)`
C `left(75)`
D `right(160)`

Einblick in die Computer-Technologie

Pixel

Wenn du bei deinem Taschenrechner genau hinsiehst, dann erkennst du, dass die Zahlen aus kleinen Quadraten zusammengesetzt sind. Die ganze Anzeige ist eigentlich ein Gitter aus Quadraten. Jedes Quadrat ist entweder leer oder gefüllt.

Ein einzelnes Quadrat heißt Pixel. Das ist die Kurzform des englischen Begriffs „PICture ELement".

Auch der Computer arbeitet mit einem Gitter aus Pixeln, um Bilder abzuspeichern und darzustellen. Die Pixel sind beim Computer viel kleiner als beim Taschenrechner. Und jedes Pixel kann mit einer anderen Farbe gefüllt sein. Bei deinem Smartphone sind die Pixel der Anzeige so klein, dass du sie von bloßem Auge gar nicht mehr unterscheiden kannst.

Ein Bild, das aus einem Gitter mit Pixeln besteht, ist eine digitale Darstellung des Bildes. Bei der digitalen Fotografie fangen winzige quadratische Computerchips das Licht ein und übertragen die Farben in das Gitter. Wenn du dagegen ein Bild malst, dann ist das eine analoge Darstellung des Bildes.

Je mehr Pixel ein Bild hat und je kleiner die Pixel sind, umso realistischer und schärfer sehen wir das Bild. Ein Bild mit einem Gitter von 1920 × 1080 Pixeln wird als „Full HD" bezeichnet. Das sind insgesamt 2 073 600 Pixel oder abgekürzt 2 Megapixel. Noch besser ist „Ultra HD" oder „4K" mit 3840 × 2160 Pixeln.

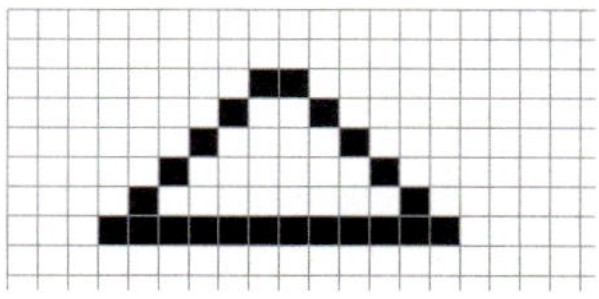

Wenn die Turtle etwas zeichnet, dann füllt sie dabei einzelne Pixel mit einer Farbe. Beim Programmieren sagst du der Turtle, welche Pixel sie mit Farbe füllen soll. Manche Linien sowie Kreise muss die Turtle als kleine Treppen zeichnen. Sie zeichnet eine Annäherung an die eigentliche Figur. Das ist nicht nur bei der Turtle so: Bei digitalen Bildern gibt es immer eine gewisse Ungenauigkeit, weil auch die kleinsten Pixel quadratisch sind.

6 Sofia schlägt folgendes Programm zum Zeichnen eines Rechtecks der Größe 100 × 200 vor. Funktioniert es richtig? Begründe deine Antwort und überprüfe das Programm.

```
from gturtle import *
makeTurtle()
forward(100)
left(90)
forward(200)
right(270)
forward(100)
left(90)
forward(200)
```

Beispiel 4

Wir wollen ein regelmäßiges Sechseck wie in Abbildung A zeichnen lassen.

A

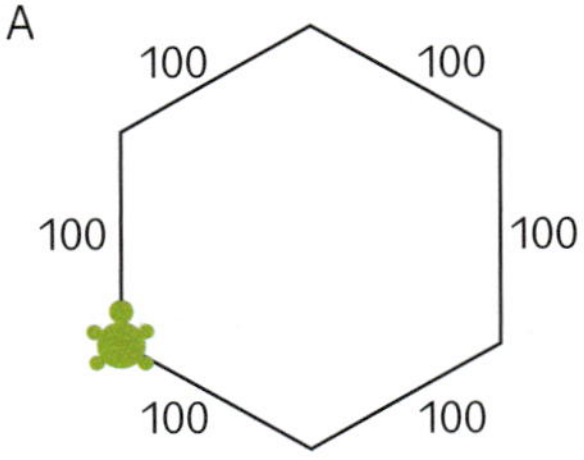

B

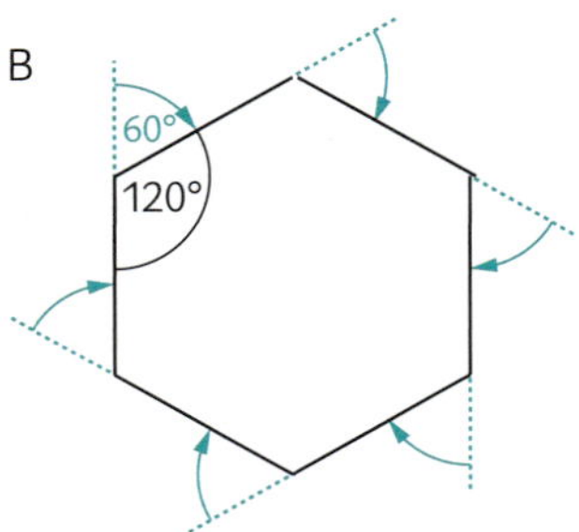

Bevor wir mit dem Programmieren anfangen, entscheiden wir uns für eine Stelle in der Figur, an der wir mit dem Zeichnen starten. Wir heben diese Stelle in der Figur hervor. In Abbildung A haben wir die Turtle an die entsprechende Stelle gesetzt.

Zweitens überlegen wir uns, um wie viel Grad sich die Schildkröte nach dem Zeichnen jeder Seite drehen muss (siehe Abbildung B). Damit ein regelmäßiges Sechseck entsteht, müssen alle sechs Winkel gleich groß sein. Am einfachsten gehen wir folgendermaßen vor: Wir sehen, dass sich die Turtle genau sechs Mal um den gleichen Winkel drehen muss. Weil die Turtle in der Startposition endet und somit beim Zeichnen einen Rundweg geht, hat sie am Schluss eine vollständige Drehung um 360° gemacht. Deswegen dreht sie sich an einer Ecke jeweils um $\frac{360°}{6} = 60°$. Beachte außerdem, dass der Drehwinkel 60° genau komplementär zum Winkel des Sechsecks (120°) ist. Das heißt, der Drehwinkel und der Winkel des Sechsecks ergänzen sich zu 180°.

Nachdem wir jetzt genau wissen, wie wir vorgehen müssen, schreiben wir das Programm wie unten dargestellt. Schreibe das Programm ab und führe es aus. Beobachte, welchen Weg die Turtle läuft.

```
from gturtle import *
makeTurtle()
forward(100)
right(60)
forward(100)
right(60)
forward(100)
right(60)
forward(100)
right(60)
forward(100)
right(60)
forward(100)
right(60)
```

7 Schreibe ein Programm, das ein regelmäßiges Fünfeck mit Seitenlänge 120 zeichnet.

Mit Farben arbeiten

Die Turtle kann mit verschiedenen Farben zeichnen. Du musst ihr einfach angeben, welche Farbe sie für den Stift verwenden soll. Die Turtle kennt über hundert verschiedene Farben, die du in Englisch angibst.

Neue Konzepte und Befehle

- `setPenColor("`**Farbe**`")`
  Stiftfarbe angeben. Nach `setPenColor("green")` zeichnet die Turtle beispielsweise in Grün weiter. Einige mögliche Farben sind in der folgenden Tabelle angegeben. Achte darauf, die Farbe in Anführungszeichen zu setzen.

yellow	red	navy	green	white
gold	magenta	blue	dark green	gray
orange	purple	cyan	sienna	black

- `setPenWidth(`**Stiftbreite**`)`
  Festlegen der Stiftbreite. Die Stiftbreite wird in Pixeln angegeben. Somit wird der Stift mit `setPenWidth(3)` drei Pixel breit.

Beispiel 5

Wir zeichnen ein gleichseitiges Dreieck. Jede Seite des Dreiecks hat eine andere Farbe. Schreibe das Programm ab und führe es dann aus. Wähle anschließend andere Farben.

```
from gturtle import *
makeTurtle()
setPenWidth(5)
setPenColor("yellow")
forward(100)
left(120)
setPenColor("red")
forward(100)
left(120)
setPenColor("blue")
forward(100)
left(120)
```

8 Schreibe ein Programm, das ein rotes Fünfeck mit der Seitenlänge 200 zeichnet. Setze die Stiftbreite dabei auf 6.

9 Schreibe ein Programm, das ein grünes Achteck mit der Seitenlänge 100 zeichnet. Wähle selber eine Stiftbreite.

Was du gelernt hast

Ein Programm ist eine Folge von Befehlen. Zum Zeichnen lädst du zuerst die Turtle und öffnest ein neues Fenster. Danach steuerst du die Turtle mit den Befehlen `forward`, `back`, `left` und `right`. Mit `setPenColor` kannst du die Farbe des Stiftes ändern und mit `setPenWidth` gibst du an, wie breit der Stift der Turtle sein soll.

Programme, die mit Text arbeiten

Programme können nicht nur zeichnen. Sie können auch mit Texten arbeiten: Texte einlesen, schreiben und auf dem Bildschirm ausgeben. Beachte, dass du hier die zwei Befehle zum Laden der Turtle nicht brauchst: Du arbeitest ohne die Turtle – es wird nichts gezeichnet.

Beispiel 6

Das folgende Programm schreibt den Text *Was machst du? Ich programmiere.* **in das Ausgabe-Fenster. Schreibe das Programm ab und führe es aus. Was passiert, wenn du das Komma nach dem ersten** `print` **weglässt?**

```
print "Was machst du?",
print "Ich programmiere."
```

Schreibe nun folgendes Programm ab und führe es aus. Was steht im Ausgabe-Fenster? Beobachte, was `\n` **bewirkt.**

```
print "Was machst du?\nIch programmiere."
```

Neue Konzepte und Befehle

- `print "Text"`
  Der Befehl `print "Hallo163"` bewirkt, dass der Computer im Ausgabe-Fenster den Text *Hallo163* ausgibt und dann im Ausgabe-Fenster auf die nächste Zeile springt. Der Text, der ausgegeben werden soll, muss zwischen geraden Anführungszeichen (" ") stehen.
  Jeder `print`-Befehl schreibt seine Textausgabe auf eine neue Zeile. Wenn du am Ende ein Komma setzt, dann macht Python keinen Zeilenumbruch.
- `"\n"`
  In Texten (und nur dort) bewirkt die Zeichenfolge `\n` einen Zeilenumbruch in der Ausgabe.

Text wiederholen

Weil programmieren wirklich begeistern kann, wollen wir das gleich zweimal nacheinander hinschreiben und unterstreichen es mit einer doppelten Linie.

```
print "Ich programmiere! Ich programmiere!"
print "==================================="
```

Computer sind sehr gut darin, uns einen unnötigen Aufwand zu ersparen, und verstehen, wenn man sie auffordert, etwas zu wiederholen. Wir können daher den Computer beauftragen, einen Text mehrfach zu schreiben:

```
print "Ich programmiere! " * 2
print "=" * 35
```

Mit * kannst du Texte also vervielfältigen, mit + kannst du Texte zusammenhängen:

```
print "Ich programmiere! " * 2 + "\n" + "=" * 35
```

Beispiel 7

**Der Computer soll ein großes V zeichnen, das aus lauter X besteht.
Das kannst du so machen:**

```
print "X     X"
print " X   X "
print "  X X  "
print "   X   "
```

**Achte darauf, dass du die Leerzeichen vor und zwischen den X richtig eingibst.
Für den Computer sind die Leerzeichen Buchstaben wie das X. In dieser besonderen Schrift sind alle Zeichen gleich breit.
Die vielen Leerzeichen in diesem Beispiel kannst du auch abkürzen.
Anstatt drei Leerzeichen als "   " zu schreiben, verwendest du** `" " * 3`**:**

```
print "X"  + " "*5 + "X"
print " X" + " "*3 + "X"
print "  X"+ " "*1 + "X"
print "   X   "
```

Je größer dein Text wird, umso nützlicher ist es, diese Vervielfältigung zu benutzen.

Beispiel 8

In diesem Beispiel zeichnet der Computer mithilfe von Buchstaben einen Tannenbaum ins Ausgabe-Fenster. Damit der Tannenbaum schön in der Mitte ausgerichtet ist, haben wir vor die X immer Leerzeichen eingefügt. Schreibe das Programm in den Computer ab und führe es aus.

```
   X
  XXX
 XXXXX
XXXXXXX
   X
   X
```

```
print " " * 3 + "X"
print " " * 2 + "X" * 3
print " " + "X" * 5
print "X" * 7
print "   X\n" * 2
```

10 Überlege und skizziere, wie du nur mit dem Buchstaben X und Leerzeichen ein Häuschen zeichnen könntest. Schreibe nun ein Programm, das mithilfe des Befehls `print` deine Skizze ausführt. Verwende die Technik mit dem Vervielfältigen und Zusammenhängen, um dir die Arbeit zu erleichtern.

```
Blume Blume Blume Blume Blume
Blume Blume Blume Blume Blume
Blume Blume Blume Blume Blume
Blume Laus  Blume Blume Blume
Blume Blume Blume Blume Blume
```

11 Schreibe ein Programm, das den abgebildeten Text mit Blume und Laus genau so ausgibt.

Was du gelernt hast

Du kannst mit dem Befehl `print` Text in das Ausgabe-Fenster schreiben. Den Text setzt du in Anführungszeichen. Mit * kannst du Text vervielfältigen, mit + kannst du Texte zusammenhängen. Die Zeichenfolge `\n` steht innerhalb von Texten für einen Zeilenumbruch.

Programme, die rechnen

Ein Computer kann besonders schnell rechnen, deswegen nennt man ihn auch „Rechner". Somit kannst du den Computer als Taschenrechner verwenden. Die Rechnungsbeschreibungen heißen beim Programmieren **arithmetische Ausdrücke**.

Beispiel 9

Wir wollen den arithmetischen Ausdruck (163 · 3) – (77 · 4) berechnen lassen und das Resultat ausgeben. Dazu schreiben wir das folgende Programm:

```
print "(163 * 3) - (77 * 4) ist genau",
print (163 * 3) - (77 * 4)
```

Schreibe dieses kurze Programm ab und beachte den Unterschied zwischen den zwei `print`-Befehlen: Wenn du den arithmetischen Ausdruck in Anführungszeichen setzt, dann ist es ein Text. Der Computer gibt den Text in diesem Fall Zeichen für Zeichen aus. Arithmetische Ausdrücke ohne Anführungszeichen wie im zweiten `print`-Befehl werden immer sofort ausgerechnet, und dann wird das Resultat der Rechnung ausgegeben.

12 Schreibe folgende zwei Befehle in Python und erkläre den Unterschied der Ausgabe.

```
print "3" * 4
print 3 * 4
```

13 Der arithmetische Ausdruck 4 · 4 · 4 · 4 + 1 ergibt eine Primzahl. Lass dir von Python die Zahl ausrechnen und auf den Bildschirm schreiben.

Berechnungen in Programme einbauen

Du kannst die Berechnungen nicht nur direkt auf dem Bildschirm ausgeben, sondern auch in Programme mit der Turtle einbauen.

Beispiel 10

Magst du dich erinnern, wie wir in Beispiel 4 das regelmäßige Sechseck gezeichnet haben? Die Turtle dreht sich insgesamt um 360°. Sie macht dies in 6 Schritten, weil wir ja ein Sechseck zeichnen wollen. Sie dreht sich also bei jeder Ecke um $\frac{360°}{6}$. Wir müssen das nicht selbst ausrechnen, sondern können es dem Programm überlassen. Einen Bruch schreibt man in Python immer mit einem Schrägstrich:

```
from gturtle import *
makeTurtle()
forward(100)
right(360 / 6)
forward(100)
right(360 / 6)
forward(100)
right(360 / 6)
forward(100)
right(360 / 6)
forward(100)
right(360 / 6)
forward(100)
right(360 / 6)
```

14 Schreibe ein Programm, das ein regelmäßiges Siebeneck zeichnet. Die Länge der Seite kannst du selber wählen.

15 Schreibe ein Programm, das ein Rechteck zeichnet. Das Rechteck hat einen Flächeninhalt von 720. Die erste Seite ist 48 Schritte lang. Beauftrage den Computer auszurechnen, wie lang die zweite Seite ist.

Beispiel 11

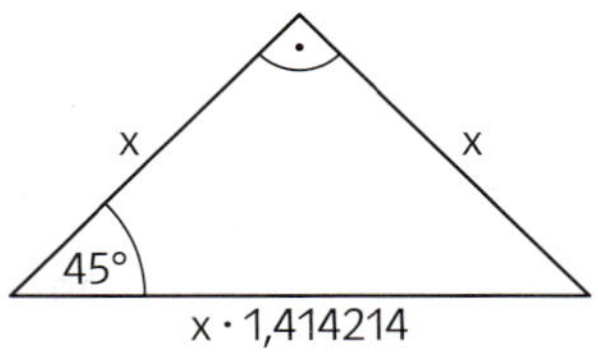

Wir möchten ein rechtwinkliges gleichschenkliges Dreieck wie in der Abbildung zeichnen. Das Dreieck hat also einen 90°-Winkel und zwei 45°-Winkel. Die kürzeren Seiten (Katheten) haben eine beliebige Länge x. Welche Länge y hat die längere Seite (Hypotenuse)?
Falls du bereits den Satz des Pythagoras kennst, kannst du die Länge selber ausrechnen. Mit dem Satz des Pythagoras $a^2 + b^2 = c^2$ findest du heraus, dass $y = x \cdot \sqrt{2} = x \cdot 1{,}414214$ sein muss.
Statt dass wir damit die Länge der Hypotenuse selber mühsam ausrechnen, lassen wir das Python berechnen. Achte darauf, dass du statt eines Dezimalkommas einen Dezimalpunkt schreibst. Python kennt kein Dezimalkomma.

```
from gturtle import *
makeTurtle()
right(45)
forward(60)
right(90)
forward(60)
right(135)
forward(60 * 1.414214)
```

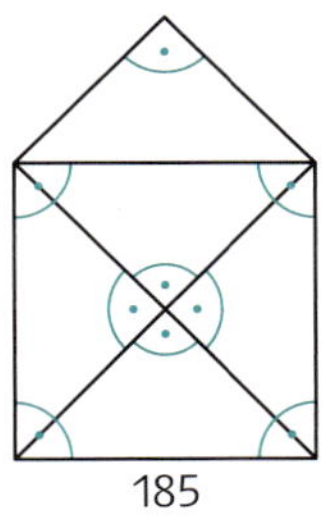

16 Schreibe ein Programm, das mit der Turtle ein Haus wie in der Abbildung zeichnet. Das Haus besteht aus vielen rechtwinkligen gleichschenkligen Dreiecken wie in Beispiel 11. Damit kannst du dir auch überlegen, wie viel länger oder kürzer die einzelnen Strecken sind. Das Grundquadrat hat hier eine Seitenlänge von 185.
Tipp: Wenn du den Satz des Pythagoras noch nicht kennst, reicht dir folgende Regel:
In jedem rechtwinkligen gleichschenkligen Dreieck gilt:
lange Seite = kurze Seite · 1,414214

17 Schreibe ein Programm, das mit der Turtle zuerst ein gleichseitiges Dreieck mit der Seitenlänge 144 zeichnet. Danach zeichnest du mit der Turtle die Höhe ein. Wie lang muss die Höhe dabei sein?

Was du gelernt hast

Anstelle von Zahlenwerten kannst du in Python auch ganze Rechnungen oder Formeln (arithmetische Ausdrücke) einsetzen. Python rechnet alle diese arithmetischen Ausdrücke immer sofort aus und arbeitet dann mit dem Ergebnis weiter. Ein Ausdruck in Anführungszeichen ist für Python einfach ein Text, der mit `print` Zeichen für Zeichen so ausgegeben wird.

Zusammenfassung

Eine **Programmiersprache** ist eine Sprache, in der du mit einem Computer kommunizieren kannst, um ihn zu steuern. Die Wörter einer Programmiersprache heißen **Befehle** oder **Instruktionen**. Ein **Programm** in einer Programmiersprache ist eine Folge von Befehlen dieser Programmiersprache. Ein Programm dient zur **Automatisierung** einer Tätigkeit, deren Ausführung man dem Computer überlassen will. Jedes Programm ist in einer bestimmten Programmiersprache geschrieben. Mit der Programmiersprache Python kannst du Texte schreiben, rechnen oder zeichnen. Zum Zeichnen verwendest du eine kleine Schildkröte (die Turtle), die eine Spur hinterlässt, wenn sie sich im Fenster bewegt.

In diesem Kapitel hast du folgende Befehle gelernt:

`from gturtle import *`	Die Schildkrötenbefehle laden. Erst danach versteht der Computer die Befehle für die Turtle.
`makeTurtle()`	Das Fenster mit der Schildkröte öffnen.
`forward(`**Anzahl Schritte**`)`	Anzahl Schritte vorwärts gehen.
`back(`**Anzahl Schritte**`)`	Anzahl Schritte rückwärts gehen.
`left(`**Winkel**`)`	Auf der Stelle um den Winkel nach links drehen.
`right(`**Winkel**`)`	Auf der Stelle um den Winkel nach rechts drehen.
`setPenColor(`**"Farbe"**`)`	Die Farbe des Stiftes setzen. Die Farbe wird in Englisch angegeben.
`setPenWidth(`**Stiftbreite**`)`	Die Breite des Stiftes setzen. Die Breite wird in Pixeln angegeben.
`print` **"Text"** `print` **arithmetischer Ausdruck**	Den Text zwischen Anführungszeichen oder das Resultat des arithmetischen Ausdrucks ins Ausgabe-Fenster schreiben.

Damit kannst du zeichnen, Texte ausgeben oder wie mit einem Taschenrechner rechnen. Die Rechnungen und Formeln heißen beim Programmieren **arithmetische Ausdrücke**.

Teste dich selbst

Konzepte und Befehle

Versuche, folgende Fragen zu beantworten. Wenn du dir bei der Antwort nicht sicher bist, schlage im Kapitel nach.

1 Was haben Computer mit Automatisierung zu tun?
2 Ist eine Programmiersprache eine Sprache? Wozu dient sie?
3 Wie nennt man die Grundbausteine einer Programmiersprache?
4 Was ist ein Programm? Was hat ein Programm mit einer Programmiersprache zu tun?
5 Welche Befehle der Programmiersprache Python hast du gelernt? Was ist ihre genaue Bedeutung?
6 Was ändert sich, wenn du im `print`-Befehl einen Ausdruck wie `3 + 4` in Anführungszeichen als `"3 + 4"` schreibst?
7 Warum gibt der Computer bei `print 1 + 2 * 3` nur das Resultat 7 und nicht den ganzen arithmetischen Ausdruck aus?
8 Was passiert beim Befehl `print "forward(100)\nright(90)\n" * 4`?

Aufgaben

1 Schreibe ein Programm, das mit der Turtle ein Segelschiff wie in der Abbildung zeichnet. Verwende die Maße, die in der Skizze angegeben sind.

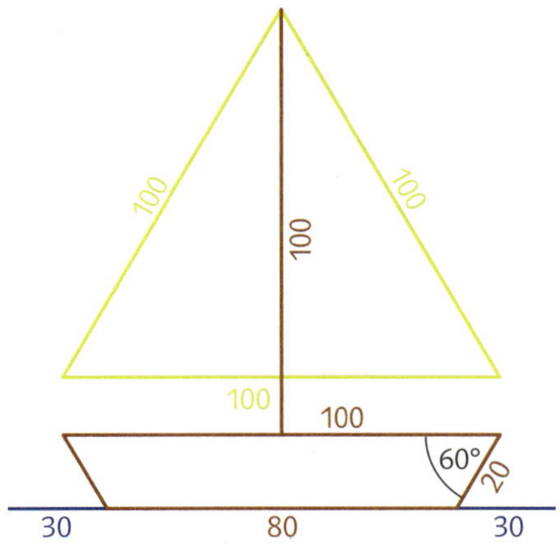

2 Die folgende Abbildung zeigt ein kleines Quadrat, das um 45° gedreht in einem großen Quadrat liegt. Die Seiten des großen Quadrats sind 1,414214 Mal so lang wie die Seiten des kleinen Quadrats.
Schreibe ein Programm, das diese Figur mit den zwei Quadraten zeichnet.
Das große Quadrat soll eine Seitenlänge von 218 haben.

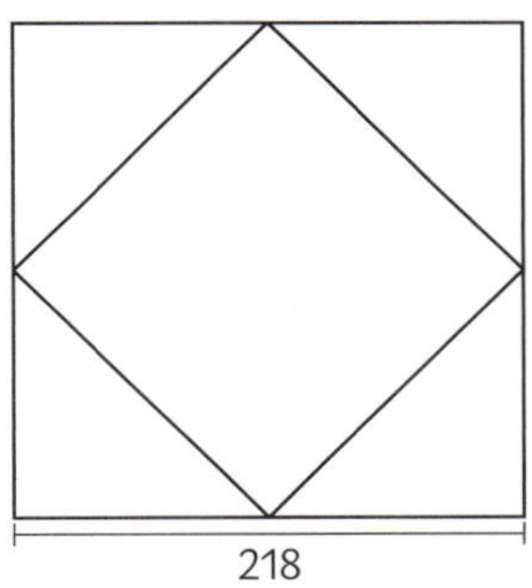

3 Das folgende Programm gibt dreimal etwas aus. Notiere zu jeder Zeile, welche Ausgabe du erwartest, bevor du es mit dem Computer überprüfst.

```
print "2 * 3"
print "2" * 3
print 2 * 3
```

4 Überlege und notiere, was dieses Programm macht. Überprüfe es danach mit dem Computer.

```
print "from gturtle import *"
print "makeTurtle()"
print "forward(100)\nright(90)\n" * 4
```

2 Aus kleinen Bausteinen größere bauen

Hast du früher einmal mit Lego gespielt? Man baut zu Beginn aus einzelnen Steinen kleine, einfache Elemente. Dann setzt man diese einfachen Elemente zusammen und baut damit etwas Großes und Komplexes, zum Beispiel ein Fahrzeug oder ein Gebäude. Mehrere Gebäude kann man zu einem Straßenzug und sogar zu einer ganzen Stadt zusammensetzen.

Beim Programmieren verwendest du die gleiche Vorgehensweise: Du schreibst zuerst kleinere Programmteile, die einfache Aufgaben erfüllen. Solche kleinen Programmteile nennen wir Bausteine oder **Module**. Wenn du mehrere Module geschickt zusammensetzt, entsteht ein Programm, das eine schwierigere Aufgabe erfüllen kann. Die zusammengesetzten Programme können wiederum die Bausteine sein, aus denen du noch komplexere Programme zusammenbaust.
Diese Art, Programme zu entwickeln, heißt **modularer Entwurf**.

In den natürlichen Sprachen führen wir immer neue Wörter ein, um uns einfacher und genauer auszudrücken. Auch in den Programmiersprachen kannst du neue Wörter – also Befehle – einführen, um eine Tätigkeit einfacher und verständlicher zu beschreiben. Mit dem modularen Entwurf erweiterst du eine Programmiersprache so, dass du die Programme kürzer und übersichtlicher formulieren kannst. Du entwickelst die Sprache also selber weiter! So vereinfachst du deine Kommunikation mit dem Computer.

Das Ziel dieses Kapitels ist, dass du lernst, wie du in Python mithilfe des modularen Entwurfs übersichtlich deine Programme herstellen kannst. Nebenbei lernst du, wie der modulare Entwurf es dir erleichtert, Animationen zu programmieren.

Neue Befehle definieren und verwenden

Bis jetzt kann der Computer nur eine einzige Figur mit einem einzigen Befehl zeichnen: eine gerade Linie. Du kannst der Turtle aber auch neue Figuren beibringen und ihr zum Beispiel erklären, was ein Quadrat ist. Dazu verwendest du die Anweisung `def` als Abkürzung für „definieren".

Beispiel 1

Wir wollen der Turtle beibringen, wie sie ein Quadrat mit der Seitenlänge 100 zeichnen kann. Wie jedes Programm beginnt auch dieses Programm mit dem Laden der Turtle in der ersten Zeile. Danach definieren wir mithilfe des Befehls `def` das Wort `quadrat100()`. Die Klammer am Schluss ist wichtig: In Python haben alle Befehle am Ende Klammern, die du auch hier nicht weglassen darfst.
Siehst du unten im Programm, wie wir alles, was zum Quadrat gehört, eingerückt haben? Bei neuen Befehlen ist wichtig: Alles, was den neuen Befehl beschreibt, muss gleichmäßig eingerückt sein. Diesen eingerückten Teil nennt man „Körper des Befehls". Beim Definieren des neuen Befehls zeichnet der Computer noch nichts. Er lernt nur, was das neue Wort `quadrat100()` bedeutet.
Ganz am Schluss öffnen wir das Fenster und sagen der Turtle, dass sie ein Quadrat zeichnen soll. Weil wir `quadrat100()` vorher definiert haben, können wir den Befehl jetzt einfach hinschreiben und die Turtle weiß, was sie tun soll.

```
from gturtle import *

def quadrat100():
    forward(100)
    right(90)
    forward(100)
    right(90)
    forward(100)
    right(90)
    forward(100)
    right(90)

makeTurtle()
quadrat100()
left(45)
quadrat100()
```

Hier definieren wir den neuen Befehl `quadrat100()`.

Hier wird der neue Befehl mit einem eingerückten Körper beschrieben. Der Computer lernt, was das neue Wort bedeutet, zeichnet aber noch nichts.

Hier verwenden wir den neuen Befehl `quadrat100()`. Erst jetzt zeichnet der Computer.

Schreibe das Programm in Python ab und führe es aus. Achte auf die richtige Einrückung und den Doppelpunkt nach dem Namen des neuen Befehls – dieser Doppelpunkt ist nötig.

1 Schreibe selbst ein Programm mit der Definition für den Befehl `dreieck50()`. Der Befehl zeichnet ein gleichseitiges Dreieck mit der Seitenlänge 50. Achte darauf, den Befehl nach `makeTurtle()` auch wirklich zu verwenden, sonst zeichnet die Turtle nichts.

Neue Konzepte und Befehle

- **def Befehlsname () :**
  Mit `def` bringst du dem Computer einen neuen Befehl bei. Der Befehlsname muss am Ende immer Klammern haben. Nach dem Namen kommt ein Doppelpunkt. Darunter steht eingerückt die Beschreibung des neuen Befehls.
  Diese Beschreibung bezeichnet man als **Körper des Befehls**.
  Der Name eines Befehls muss ein Wort ohne Leerzeichen oder Umlaute (also ä, ö oder ü) sein. Wenn du mehrere Wörter zu einem Namen zusammenhängen möchtest, dann verwendest du den Unterstrich. Du darfst eine Zahl anhängen, aber nicht mit einer Zahl beginnen. Beispiel: `name_mit_3_woertern`.
  Wichtig: Wenn du nur den Befehl definierst, dann zeichnet die Turtle nichts! Sie lernt zwar die Bedeutung eines neuen Wortes, aber das ist auf dem Bildschirm nicht sichtbar. Die Turtle zeichnet erst dann etwas, wenn du den neuen Befehl auch verwendest.

Beispiel 2

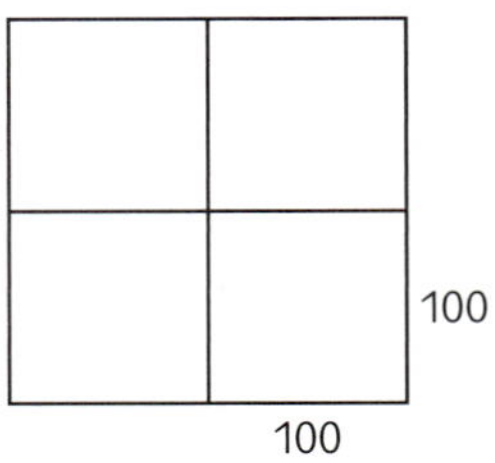

Das Fenster in der Abbildung links kann man ganz einfach zeichnen: drei waagrechte Linien mit Länge 200, drei senkrechte Linien mit Länge 200. Noch einfacher geht es aber mithilfe eines Moduls: Wir setzen das Bild aus vier Quadraten zusammen. Dazu definieren und verwenden wir wieder den Befehl `quadrat100()` aus Beispiel 1.
Die Turtle steht zu Beginn in der Mitte des Fensters und zeichnet zuerst das Quadrat rechts oben. Danach dreht sie sich um 90° nach rechts und zeichnet das Quadrat links unten usw.

```
from gturtle import *

def quadrat100():
    forward(100)
    right(90)
    forward(100)
    right(90)
    forward(100)
    right(90)
    forward(100)
    right(90)

makeTurtle()
quadrat100()
right(90)
quadrat100()
right(90)
quadrat100()
right(90)
quadrat100()
```

Schreibe das Programm ab und führe es aus. Beobachte, welchen Weg die Turtle läuft.

Programm und Unterprogramm

Hinter dem neuen Befehl `quadrat100()` steht der Körper des Befehls. Der Körper ist eigentlich ein Programm, das beim Aufrufen des Befehls ausgeführt wird. Wenn der Befehl innerhalb eines anderen, größeren Programms verwendet wird, nennen wir den Körper des Befehls `quadrat100()` oder den Befehl selbst ein **Unterprogramm** des größeren Programms. Das größere Programm selbst wird in diesem Fall als **Hauptprogramm** bezeichnet.

Hauptprogramm

```
from gturtle import *
```

Unterprogramm

```
def quadrat100():
    forward(100)
    right(90)
    forward(100)
    right(90)
    forward(100)
    right(90)
    forward(100)
    right(90)
```

```
makeTurtle()
quadrat100()
right(90)
quadrat100()
right(90)
quadrat100()
right(90)
quadrat100()
```

Befehle langfristig speichern

Wenn du einen neuen Befehl auf Dauer verwenden möchtest, musst du dem Computer sagen, dass er ihn abspeichern, das heißt auf Dauer lernen soll. Und so geht es: Markiere in deinem Programm die ganze Befehls-Definition, die sich Python merken soll. Dann wählst du im Menü „Ausführen“ den Eintrag „Dauerhaft merken“. Im nächsten Programm musst du den Befehl `quadrat100()` dann nicht mehr definieren, sondern kannst ihn einfach verwenden.

2 Studiere das folgende Programm und versuche nachzuvollziehen, was es zeichnet. Skizziere die Figur zuerst selbst auf ein Blatt, indem du den Programmbefehlen folgst. Überprüfe dann deine Lösung, indem du den Computer das Programm ausführen lässt. Beachte, dass der Computer den Befehl `quadrat100()` bereits kennt, weil du ihn abgespeichert hast.

```
from gturtle import *
makeTurtle()
quadrat100()
right(45)
quadrat100()
right(45)
quadrat100()
right(45)
quadrat100()
right(45)
quadrat100()
right(45)
quadrat100()
right(45)
quadrat100()
right(45)
quadrat100()
```

3 **A** Definiere einen Befehl zum Zeichnen eines gleichseitigen Dreiecks mit Seitenlänge 100 wie in Abbildung A. Nenne den Befehl `dreieck100()`.
B Nutze `dreieck100()`, um eine Form wie in Abbildung B zu zeichnen.

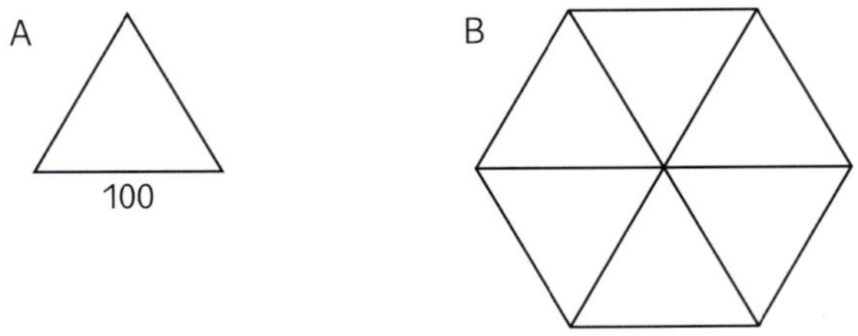

4 Zeichne zuerst selbst auf ein Blatt, was das folgende Programm macht – vorausgesetzt, der Computer kennt schon den Befehl `quadrat100()`. Überprüfe es dann, indem du es vom Computer ausführen lässt.

```
from gturtle import *

makeTurtle()
quadrat100()
forward(50)
quadrat100()
forward(50)
quadrat100()
```

Mehrere neue Befehle verwenden

Dein Programm darf beliebig viele neue Befehle enthalten. Achte dabei aber auf die richtige Einrückung der Körper.

Beispiel 3 **Das folgende Programm enthält die zwei Befehle `quadrat50()` und `quadrat100()` für ein kleines und ein großes Quadrat. Wie sieht das fertige Bild aus? Skizziere auf einem Blatt und überprüfe danach, indem du den Computer das Programm ausführen lässt.**

```
from gturtle import *

def quadrat50():
    forward(50)
    right(90)
    forward(50)
    right(90)
    forward(50)
    right(90)
    forward(50)
    right(90)
makeTurtle()
quadrat100()
forward(25)
quadrat50()
```

5 Nutze die eingeführten Befehle `quadrat100()` und `dreieck100()`, um eine Form wie in der Abbildung zu zeichnen.

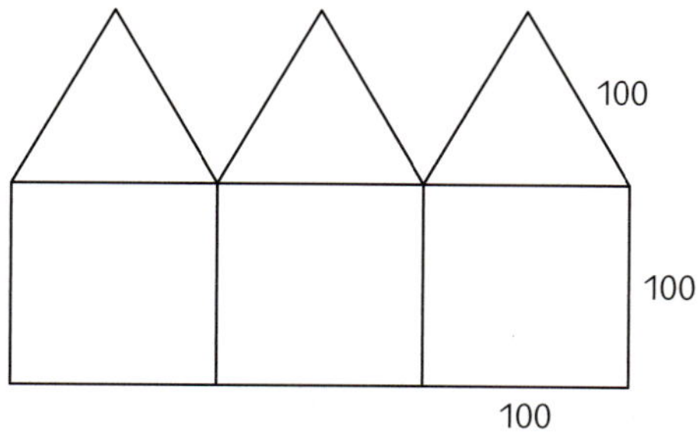

6 **A** Definiere einen Befehl `offenes_quadrat()`, der ein offenes Quadrat wie in Abbildung A zeichnet.
B Schreibe ein Programm, das den neuen Befehl `offenes_quadrat()` verwendet, um das Kreuz in Abbildung B zu zeichnen.

A
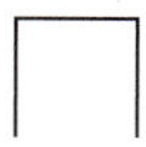

B
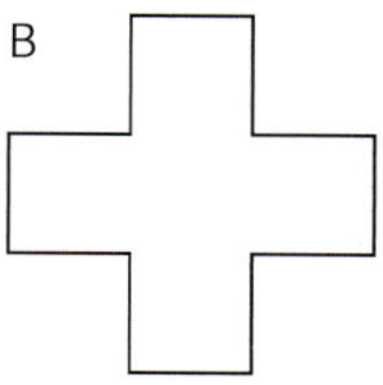

Was du gelernt hast

Du kannst in Python selbst neue Befehle definieren. Zwischen `def` und dem Doppelpunkt gibst du den Namen des neuen Befehls gefolgt von Klammern an. Darunter steht eingerückt, was der Computer für diesen Befehl tun soll. Zum Beispiel kann dein Befehl der Turtle erklären, wie sie ein Quadrat zeichnen soll. Der erklärende Programmteil zu einem Befehl heißt der Körper des Befehls.
Je häufiger du eine Figur verwendest, umso mehr lohnt es sich, dafür einen eigenen Befehl zu definieren. Vor allem aber werden deine Programme so viel übersichtlicher. Die Technik, ein Programm aus sinnvollen Bausteinen (Modulen) zusammenzusetzen, heißt modularer Entwurf. Jedes Modul ist verständlich programmiert und hat einen Namen, der ihn beschreibt. Damit wird das ganze Programm verständlicher, du kannst es einfacher anpassen oder Fehler korrigieren.

Befehle in Befehlen verwenden

Wenn du neue Befehle definiert hast, dann darfst du diese neuen Befehle auch verwenden, um weitere Befehle zu definieren. Im Körper eines Befehls darfst du also auch andere Befehle verwenden, die du schon definiert hast. Du baust damit immer größere Module.

Beispiel 4

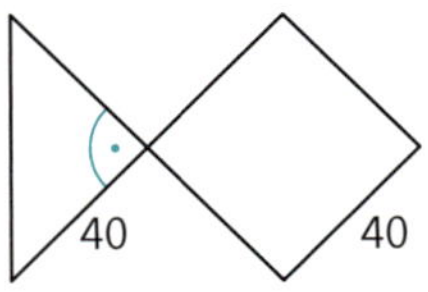

Wir zeichnen einen einfachen Fisch (siehe Abbildung). Der Fisch besteht aus einem Quadrat mit der Seitenlänge 40 und einem rechtwinkligen Dreieck. Im Programm definieren wir daher zuerst einen Befehl `quadrat40()` für das Quadrat und einen Befehl `rw_dreieck40()` für das rechtwinklige Dreieck. Der Befehl `fisch()` zeichnet dann das Fischlein mit den zwei anderen Befehlen. Studiere das Programm und versuche nachzuvollziehen, wie die Turtle läuft.

```
from gturtle import *

def quadrat40():
    forward(40)
    right(90)
    forward(40)
    right(90)
    forward(40)
    right(90)
    forward(40)
    right(90)

def rw_dreieck40():
    forward(40)
    right(135)
    forward(40 * 1.414214)
    right(135)
    forward(40)
    right(90)

def fisch():
    left(135)
    rw_dreieck40()
    right(180)
    quadrat40()
    left(45)

makeTurtle()
fisch()
```

Beispiel 5

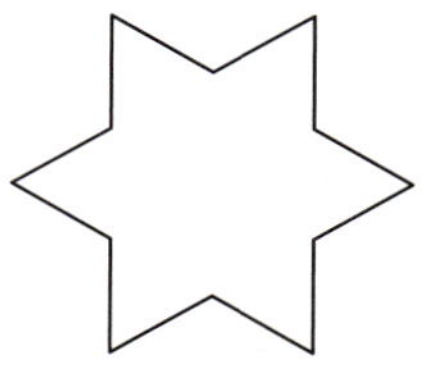

Wir wollen den sechszackigen Stern in der Abbildung links zeichnen. Dazu definieren wir zuerst einen Befehl `zacke()`, der nur eine einzelne Zacke zeichnet. Dann könnten wir diesen Befehl sechs Mal verwenden. Stattdessen definieren wir einen Befehl `doppel_zacke()`, der zwei Zacken zeichnet, und zeichnen damit dann den Stern. Beobachte, wie wir aus den einzelnen Befehlen immer größere Bausteine zusammengesetzt haben. Schreibe das Programm ab und führe es aus.

```
from gturtle import *

def zacke():
    forward(100)
    left(120)
    forward(100)
    right(60)

def doppel_zacke():
    zacke()
    zacke()

def stern():
    doppel_zacke()
    doppel_zacke()
    doppel_zacke()

makeTurtle()
stern()
```

Entwurf und Entwicklung des Programms

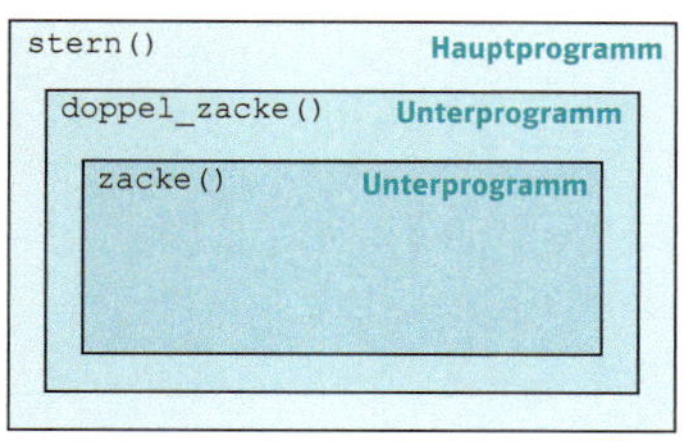

Um ein komplexes Programm zu schreiben, braucht es etwas Planung. Du überlegst, wie du vorgehen könntest, um an das gewünschte Ziel zu gelangen. Dabei zerlegst du die Aufgabe (z. B. Stern zeichnen) in Teilaufgaben (Zacke zeichnen, Doppelzacke zeichnen, Stern zeichnen). Das heißt, du legst die Struktur deines Programms fest. Diesen Schritt bezeichnet man als **modularen Entwurf eines Programms**.
Für die Lösung der Teilaufgaben verwendest du Unterprogramme, aus denen du das Hauptprogramm zusammensetzt. Hier ist `zacke()` ein Unterprogramm des Programms `doppel_zacke()`. Das Programm oder der Befehl `doppel_zacke()` ist ein Unterprogramm des Programms (des Befehls) `stern()`. Somit betrachten wir `zacke()` auch als ein Unterprogramm von `stern()`.
Die **Entwicklung eines Programms** beinhaltet als erste Phase den Programmentwurf. Danach gehört zu diesem Prozess das Schreiben des Programms mit seinen Teilen. Bei Bedarf kommen noch das Korrigieren und Verbessern hinzu.

Beispiel 6

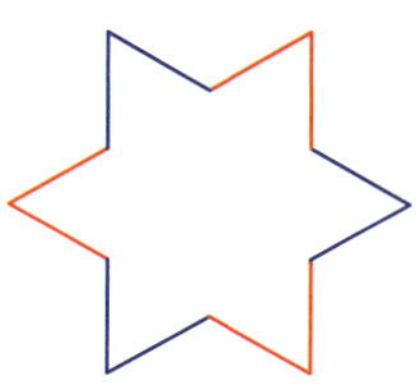

Jetzt ändern wir im Programm aus Beispiel 5 nur den Befehl `doppel_zacke()` ab. Und zwar machen wir die erste Zacke blau und die zweite rot. Damit wird der ganze Stern blau und rot gezeichnet. Das ist ein großer Vorteil des modularen Entwurfs: Du musst Änderungen nur an wenigen Stellen vornehmen.

```
def doppel_zacke():
    setPenColor("blue")
    zacke()
    setPenColor("red")
    zacke()
```

Neue Konzepte und Befehle

- Um komplizierte Figuren mit vielen Wiederholungen zu zeichnen, definierst du am besten Befehle, die ein immer größeres Stück der Figur zeichnen. Beispiel: Zacken eines Sterns.

7 Definiere zuerst einen Befehl `quadrat50()`, der ein Quadrat mit der Seitenlänge 50 zeichnet. Definiere dann einen zweiten Befehl `fenster()`, der ein Fenster aus vier Quadraten zeichnet, wie in Beispiel 2. Definiere den Befehl `fenster()` so, dass die Turtle links unten startet und am Ende wieder dorthin zurückkehrt.

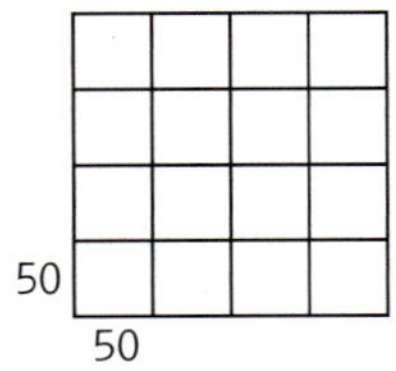

8 Verwende den Befehl `fenster()` aus der letzten Aufgabe. Entwickle damit ein möglichst kurzes Programm, das ein 4 × 4-Gitter zeichnet.

9 **A** Definiere zuerst einen Befehl für `quadrat20()`. Definiere damit einen Befehl `zwei_quadrate()`, der die Form in Abbildung A so zeichnet, dass die Schildkröte ganz links unten anfängt und ganz rechts unten endet, wie in der Abbildung gezeigt.

B Nutze den Befehl `zwei_quadrate()`, um das Bild mit vier nebeneinanderliegenden Quadraten in Abbildung B zu zeichnen. Definiere dieses Bild als den Befehl `vier_quadrate()`. Baue jetzt kurze Programme, um acht Quadrate bzw. 16 Quadrate der Größe 20 × 20 nebeneinander zu zeichnen.

A

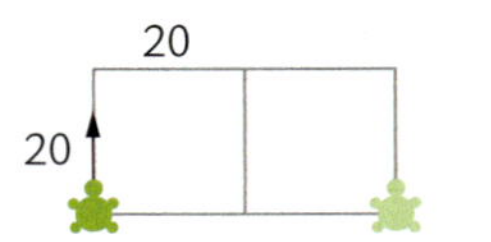

B

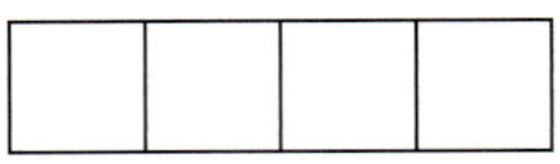

10 Nehmen wir an, du hast schon die Befehle `quadrat20()`, `zwei_quadrate()`, `vier_quadrate()` und `acht_quadrate()` zur Verfügung. Wie zeichnest du mit einem möglichst kurzen Programm eine Reihe von 13 nebeneinanderliegenden Quadraten? Wie gehst du vor, wenn du 17 nebeneinanderliegende Quadrate zeichnen sollst? Beschreibe in eigenen Worten, wie du vorgehst.

Was du gelernt hast

Eine der wichtigsten Techniken im Programmieren ist der modulare Entwurf: Du definierst Befehle, die eine einfache Tätigkeit ausführen, zum Beispiel einen Befehl, der eine einzige Zacke des Sterns zeichnet. Dann setzt du diese Befehle als Bausteine zu neuen Befehlen zusammen, die eine komplexe Aufgabe erfüllen.

Animationen programmieren

Den modularen Entwurf kannst du auch verwenden, um Animationen zu programmieren. Die Animationen programmierst du ähnlich, wie man früher die ersten Zeichentrickfilme gemacht hat. Du zeichnest ein Bild, dann löschst du es wieder und ersetzt es durch ein neues Bild, das nur leicht geändert oder bewegt wurde. Wenn du eine Folge von Bildern anschaust, die schnell hintereinander immer leicht verändert sind, dann entsteht der Eindruck, dass sich die Figuren in der Szene tatsächlich bewegen!

Beispiel 7

Beim Zeichnen von Animationen wird ein Bild in schneller Folge gezeichnet und wieder gelöscht. Doch wie kannst du ein Bild wieder löschen? Du übermalst es einfach mit weißer Farbe! In diesem Beispiel lassen wir die Turtle zuerst ein rotes Dreieck zeichnen und übermalen es dann weiß.
In einer Animation stört die herumlaufende Turtle. Deshalb machen wir die Turtle in diesem Beispiel mit `hideTurtle()` unsichtbar. Die Zeichnungen erscheinen dann sofort auf dem Bildschirm. Bevor wir das Dreieck wieder löschen, warten wir in diesem Beispiel eine Sekunde lang. Dazu verwenden wir den Befehl `delay()`. Ansonsten wird das Dreieck so schnell gezeichnet und wieder gelöscht, dass du gar nichts siehst. Schreibe das Programm in Python ab und beobachte, wie es ausgeführt wird.

```
from gturtle import *

def dreieck100():
    forward(100)
    right(120)
    forward(100)
    right(120)
    forward(100)
    right(120)

def zeige_dreieck():
    setPenColor("red")
    dreieck100()
    delay(1000)
    setPenColor("white")
    dreieck100()

makeTurtle()
hideTurtle()
zeige_dreieck()
```

Hier wartet Python 1000 Millisekunden, also eine Sekunde.

Gleich nach dem Öffnen des Fensters schalten wir die Turtle aus.

11 Baue Beispiel 7 aus. Zuerst wird das Dreieck angezeigt und wieder gelöscht. Dann drehst du die Turtle um 6° nach rechts und lässt das Dreieck wieder mit dem Befehl `zeige_dreieck()` für eine Sekunde anzeigen. Baue das Programm so aus, dass das Dreieck viermal hintereinander gedreht und angezeigt wird.

12 Welchen Wert musst du im Befehl `delay()` einsetzen, damit das Dreieck nur für eine Fünftelsekunde sichtbar bleibt? Ändere das Programm aus Aufgabe 11 so ab, dass das Dreieck nach einer Fünftelsekunde wieder gelöscht wird.

Neue Konzepte und Befehle

- Um eine Figur wieder zu löschen, zeichnest du die Figur mit weißer Farbe nach.
- `hideTurtle()`
  Wenn du gleich nach dem `makeTurtle()` noch `hideTurtle()` schreibst, dann wird die Turtle ausgeblendet. Die Bilder werden sehr schnell gezeichnet.
  Wenn du die Turtle wieder sichtbar machen möchtest, verwendest du `showTurtle()`.
- `delay(`**Zeit**`)`
  Damit du ein Bild vor dem Löschen siehst, muss Python eine kurze Zeit warten. Die Zeit, die Python warten soll, wird in Millisekunden angegeben.
  Zum Beispiel wartet `delay(40)` $\frac{1}{25}$ Sekunde, bevor das Programm weiterläuft. Das ist etwa so lange, wie ein Bild bei einem professionellen Animationsfilm gezeigt wird.

Beispiel 8

Wir wollen, dass sich auf dem Bildschirm ein Fisch horizontal von links nach rechts bewegt. Wir gehen bei der Entwicklung des Programms strategisch wie folgt vor:

1. **Wir definieren einen Befehl `fisch()` zur Zeichnung des Fischs.**
2. **Wir definieren einen zweiten Befehl `zeige_fisch()`, der den Fisch ganz kurz anzeigt und dann wieder ausradiert.**
3. **In jedem Schritt rufen wir zuerst `zeige_fisch()` auf, damit der Fisch tatsächlich gezeichnet und wieder gelöscht wird.**
4. **Wir verschieben die Turtle von links nach rechts um 5 Schritte, ohne zu zeichnen.**
5. **Wir wiederholen die Punkte 3 und 4 beliebig viele Male.**

Für den Fisch verwenden wir das Programm aus Beispiel 4. Wichtig ist, dass wir den Fisch so zeichnen, dass die Startposition und die Endposition der Turtle identisch sind. Studiere das Programm und versuche, die Schritte 1 bis 5 nachzuvollziehen.

```
from gturtle import *

def quadrat40():
    ...

def dreieck40():
    forward(40)
    right(135)
    forward(40 * 1.414214)
    right(135)
    forward(40)
    right(90)

def fisch():
    left(135)
    dreieck40()
    right(180)
    quadrat40()
    left(45)

```

Punkt 1: einen Befehl definieren, der den Fisch zeichnet.

```
def zeige_fisch():
    setPenColor("red")
    fisch()
    delay(200)
    setPenColor("white")
    fisch()

def ein_schritt():
    zeige_fisch()
    setPenColor("white")
    right(90)
    forward(5)
    left(90)

makeTurtle()
hideTurtle()
ein_schritt()
ein_schritt()
ein_schritt()
ein_schritt()
ein_schritt()
```

Punkt 2: einen Befehl definieren, der den Fisch nur kurz anzeigt.

Punkt 3: den Fisch auch wirklich zeigen.

Punkt 4: die Turtle um 5 Schritte nach rechts bewegen.

Punkt 5: Hier wiederholen wir die Punkte 3 und 4 insgesamt fünfmal.

13 Erweitere das Programm aus Beispiel 8. Definiere einen weiteren Befehl `zwei_schritte()`, der zwei Mal den Befehl `ein_schritt()` aufruft. Definiere dann auch die Befehle `vier_schritte()`, `acht_schritte()` und lass den Fisch damit 16-mal zeichnen.

14 Schreibe das Programm in Beispiel 8 so um, dass sich das Fischlein von unten nach oben bewegt. Versuche es auch diagonal von links unten nach rechts oben.

15 Definiere zuerst ein Sechseck mit Seitenlänge 100. Bewege dann das Sechseck auf dem Bildschirm von rechts nach links.

16 Benutze das Programm `zeige_fisch()`, um einen gezeichneten Fisch sechsmal an der gleichen Stelle mit einer anderen Farbe zu zeichnen, ohne dass sich der Fisch dabei bewegt.

17 Für eine gute Animation musst du den Fisch 25-mal pro Sekunde zeichnen. Den Wert in `delay()` musst du dafür auf 40 Millisekunden setzen. Baue das Programm aus Beispiel 8 weiter aus und definiere einen Befehl `eine_sekunde()`, der den Fisch 25-mal zeichnet und eine Sekunde dauert.
Baue damit deine Animation so aus, dass der Fisch über die ganze Fensterbreite von ganz links nach ganz rechts schwimmt.

Was du gelernt hast

Du hast gelernt, unterschiedliche Befehle als Bausteine zu bauen und sie zusammenzusetzen, um komplexere Programme zu entwickeln. Dabei kannst du diese Vorgehensweise beliebig viele Male wiederholen. Obwohl deine Programme am Ende große und komplexe Bilder zeichnen können, sind sie immer kurz und übersichtlich und auch für andere verständlich. Mit dieser Strategie kannst du auch Animationen programmieren, indem du ein Objekt zeichnest, danach ausradierst und auf einer neuen Position zeichnest.

Zusammenfassung

Der **modulare Entwurf** ist die grundlegendste Strategie zum Bau von komplexen Objekten. Sie ermöglicht uns, ein Programm systematisch, anschaulich und für andere verständlich zu entwickeln. Dank des modularen Entwurfs können wir auch die Funktionalität unseres Programms leichter überprüfen. Außerdem ist es einfacher, Fehler zu finden und sie zu korrigieren.
Beim Schreiben eines Programms mit Modulen ist es wichtig, dass du zuerst überlegst, wie du deine Aufgabe in einfache **Teilaufgaben** zerlegen kannst. Erst wenn du die Strategie deiner Vorgehensweise klar darstellen kannst, fängst du an, einzelne Module zu programmieren und zu überprüfen, ob sie korrekt arbeiten. Die einzelnen Module kannst du dann zu einem fertigen Programm zusammensetzen.
Wenn du deine Zielsetzung in Teilaufgaben zerlegst und somit die Struktur deines Programms festlegst, dann sprechen wir vom **Entwurf eines Programms**. Für die Lösung der Teilfragen verwendest du **Unterprogramme**, aus denen du das **Hauptprogramm** zusammensetzt. Der Entwurf ist die erste Phase bei der Entwicklung eines Programms. Der nächste Schritt ist das Schreiben des Hauptprogramms inklusive der Unterprogramme. Bei Bedarf wird das Programm in einem dritten Schritt korrigiert und verbessert. Später kann das Programm außerdem weiterentwickelt werden, um zusätzliche Aufgaben zu übernehmen.

In diesem Kapitel hast du folgende Befehle gelernt:

`def` **Befehlsname**`():` `    Körper`	Einen Programmteil benennen / Einen neuen Befehl definieren. Der Körper, der den neuen Befehl beschreibt, muss eingerückt sein.
`delay(`**Zeit**`)`	Eine Anzahl Millisekunden warten, bevor das Programm weiterläuft.
`hideTurtle()`	Die Turtle unsichtbar machen, damit die Bilder schnell gezeichnet werden.
`showTurtle()`	Die Turtle wieder sichtbar machen, damit du siehst, wie sie zeichnet.

Teste dich selbst

Konzepte und Befehle

1 Was versteht man unter dem Begriff „modularer Entwurf"? Warum nennt man den Entwurf modular?
2 Kannst du außer dem Programmieren andere Beispiele nennen, in denen der modulare Entwurf verwendet wird?
3 Was sind die Vorteile des modularen Entwurfs?
4 Welche Anweisung brauchst du, um einem Programm einen Namen zu geben?
5 Was hat der modulare Entwurf mit der individuellen (deiner eigenen) Erweiterung der Programmiersprache zu tun?
6 Was versteht man unter der Entwicklung eines Programms?
7 Wie gehst du vor, wenn du eine Animation programmieren willst?
8 Wozu ist der Befehl `delay` nützlich, wenn du Animationen programmieren willst?
9 Wie könntest du beim Zeichnen von Bildern den Befehl `delay` nutzen, um Fehler in deinem eigenen Programm zu suchen?
10 Gib ein Beispiel eines eigenen Programms an, das mehrere Module verwendet, und erkläre, wie du das Programm gestaltet hast.

Aufgaben

1 Entwickle ein Programm, das ein 6 × 9-Gitter zeichnet. Jedes Quadrat im Gitter hat eine Seitenlänge von 20 Schritten.

2 Entwickle ein Programm, das den fünfzackigen Stern in der Abbildung zeichnet. Jede Zacke ist ein gleichseitiges Dreieck mit der Seitenlänge 100. In der Mitte entsteht ein regelmäßiges Fünfeck. Überlege dir zuerst, wie du am besten vorgehst und wie groß die Winkel in der Figur sind.

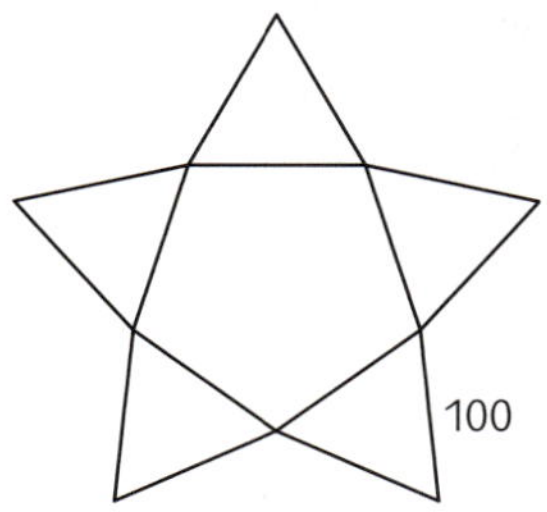

3 Entwickle einen Befehl `ypsilon()`, der ein Ypsilon zeichnet wie in Abbildung A. Der Winkel zwischen den zwei Ästen beträgt 60° und jeder Strich hat eine Länge von 10.
Entwickle einen zweiten Befehl `doppel_ypsilon()`, der ein Doppel-Ypsilon zeichnet wie in Abbildung B. Der Stamm unten hat jetzt eine Länge von 20. Um die beiden Äste zu zeichnen, verwendest du den Befehl `ypsilon()`, den du schon definiert hast.

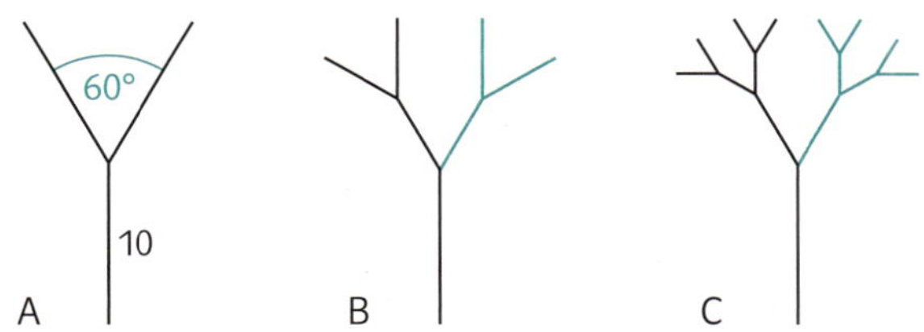

Arbeite nach diesem Prinzip weiter und entwickle auch einen Befehl `quadrupel_ypsilon()`, der die Figur in Abbildung C zeichnet. Der Stamm unten hat jetzt eine Länge von 40 und jeder Ast oben ist ein Doppel-Ypsilon.

4 Entwickle ein Programm, das ein Sechseck zeichnet. Das Sechseck besteht aus sechs gleichseitigen Dreiecken. Eines der sechs Dreiecke soll rot sein. Das Sechseck soll sich in einer Animation im Uhrzeigersinn drehen: bei jedem Schritt um 6°. Das alte Sechseck wird immer zuerst gelöscht, bevor das nächste gezeichnet wird.

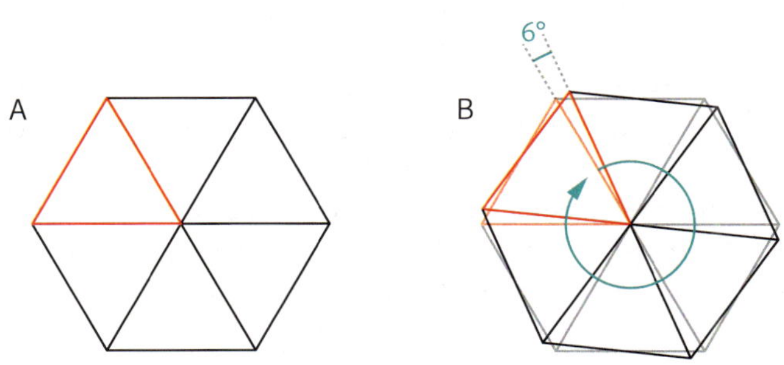

3 Vorgänge wiederholen

Die Aufgabe der Informatik ist es, die Menschen von langweiligen Routinetätigkeiten zu befreien. Der Computer kann in kurzer Zeit immer mehr und schwierigere Aufgaben schaffen und somit die Menschen frei machen für kreative Tätigkeiten. Dazu automatisieren wir Vorgänge und lassen den Computer die Tätigkeiten ausführen. Du merkst auch beim Programmieren, dass es eintönig wird, die gleichen zwei Befehle viermal hintereinander zu schreiben, um ein Quadrat zu zeichnen. Das ist aber noch gar nichts im Vergleich dazu, wenn du ein 100-Eck zeichnen möchtest und 100-mal die beiden Befehle `forward(5)` und `right(360/100)` hinschreiben müsstest. Das muss einfacher gehen!

In diesem Kapitel lernst du, wie du dem Computer auf einfache Weise sagen kannst, dass er eine Folge von Befehlen x-mal ausführen soll. In Kombination mit dem modularen Entwurf kannst du damit schon ziemlich komplexe Automatisierungsaufgaben bewältigen, ohne die Übersicht zu verlieren und ohne zu lange Programme schreiben zu müssen.

Einfache Schleifen

Es gibt eine Möglichkeit, dem Rechner eine Anweisung zu geben, dass er bestimmte Vorgänge beliebig viele Male wiederholen soll. So kannst du effizientere Programme schreiben.

Beispiel 1

Mit der Anweisung `repeat 4:` sagst du dem Computer, dass er eine Folge von Befehlen viermal wiederholen soll (das Wort „repeat" kommt aus dem Englischen und bedeutet „wiederhole"). Studiere die beiden folgenden Ausschnitte aus einem Programm. Sie führen genau die gleiche Tätigkeit aus:

```
forward(100)
left(120)
forward(100)
left(120)
forward(100)
left(120)
```

⟷

```
repeat 3:
    forward(100)
    left(120)
```

Neue Konzepte und Befehle

- **`repeat` Anzahl:**
  Zu jeder `repeat`-Anweisung gehören die Anzahl der Wiederholungen und eine Folge von Befehlen, die wiederholt werden sollen. Die `repeat`-Anweisung zusammen mit den Befehlen, die wiederholt werden, nennen wir eine **Schleife**. Im Programmieren beinhaltet eine Schleife immer einen Programmteil, der mehrmals ausgeführt wird. Dieser Programmteil heißt **Körper der Schleife**.

Beispiel 2

Um ein 20-Eck zu zeichnen, müsstest du die beiden Befehle `forward()` und `right()` 20-mal hinschreiben. Weil wir aber `repeat 20:` verwenden, weiß der Computer, dass er die beiden Befehle 20-mal wiederholen soll. Beachte, dass die beiden Befehle, die wiederholt werden sollen, eingerückt sind.

```
from gturtle import *
makeTurtle()
repeat 20:
    forward(25)
    right(360 / 20)
```

Schleife

Körper der Schleife

Die Schleife besteht aus der `repeat`-Anweisung mit der Anzahl der Wiederholungen. Darunter, eingerückt, stehen die Befehle, die eine bestimmte Anzahl Male ausgeführt werden sollen. Die zwei Befehle `forward` und `right` sind der Körper der Schleife.

Beispiel 3

Erinnerst du dich daran, wie du ein Quadrat definierst? Für das Quadrat schreibst du viermal die beiden Befehle `forward()` und `right()` hin. Das schreiben wir kürzer und einfacher mit `repeat`. Lies das Beispiel unten und versuche nachzuvollziehen, warum manche Zeilen eingerückt sind.

```
1  from gturtle import *
2
3  def quadrat150():
4      repeat 4:
5          forward(150)
6          right(90)
7
8  makeTurtle()
9  quadrat150()
```

Nach den Anweisungen `def` und `repeat` ist die richtige Einrückung wichtig. Nach `def` sind drei Zeilen eingerückt. Diese Zeilen gehören zur Definition des Befehls `quadrat150()`.
Die Befehle `forward(150)` und `right(90)` sind zudem gegenüber `repeat` eingerückt. Damit sind diese beiden Befehle der Körper der Schleife, also die Tätigkeit, die viermal wiederholt wird.
Weil das `makeTurtle()` in Zeile 8 nicht mehr eingerückt ist, gehört es weder zum Befehl `quadrat150()`, noch wird es wiederholt.

1 Schreibe jeweils ein Programm, um ein regelmäßiges Vieleck mit der geforderten Anzahl Ecken sowie der geforderten Seitenlänge zu zeichnen.

A 11 Ecken, Seitenlänge 50
B 15 Ecken, Seitenlänge 30
C 7 Ecken, Seitenlänge 100

Beispiel 4

Das Programm in diesem Beispiel zeichnet einen Stern wie in der Abbildung links. Schreibe das Programm ab und lass es vom Computer ausführen.

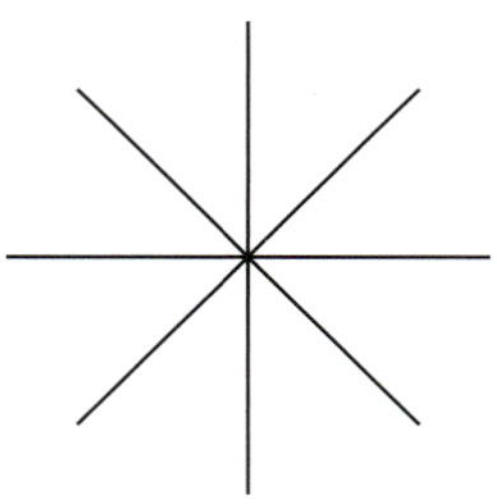

```
from gturtle import *

def stern_100():
    repeat 8:
        forward(100)
        back(100)
        right(360 / 8)

makeTurtle()
stern_100()
```

2 **A** Ändere das Programm im Beispiel so ab, dass der Stern doppelt so viele Zacken hat (siehe Abbildung unten).
B Zeichne einen Stern mit 360 Zacken.

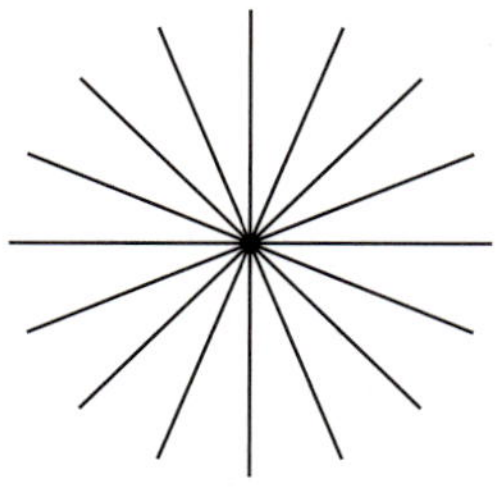

3 Schreibe ein Programm, das einen fünfzackigen Stern wie in der Abbildung unten zeichnet.

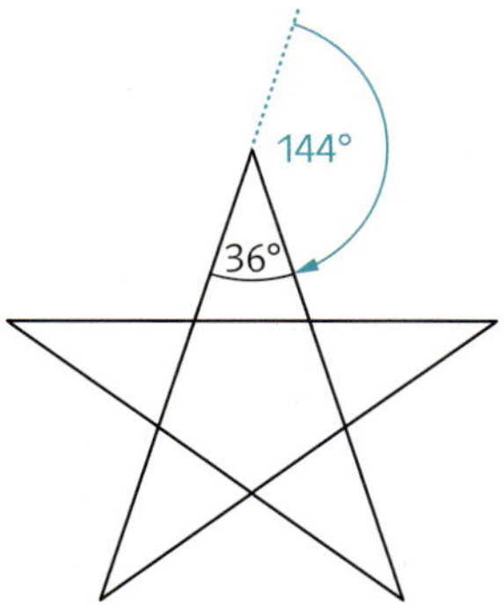

4 Schreibe drei Programme, die eine Treppe zeichnen wie in Abbildung B. Die Anzahl, Höhe und Länge der einzelnen Treppenstufen (siehe Abbildung A) wählst du wie folgt:
A Anzahl 10, Höhe 25, Länge 25
B Anzahl 25, Höhe 5, Länge 10
C Anzahl 12, Höhe 20, Länge 5

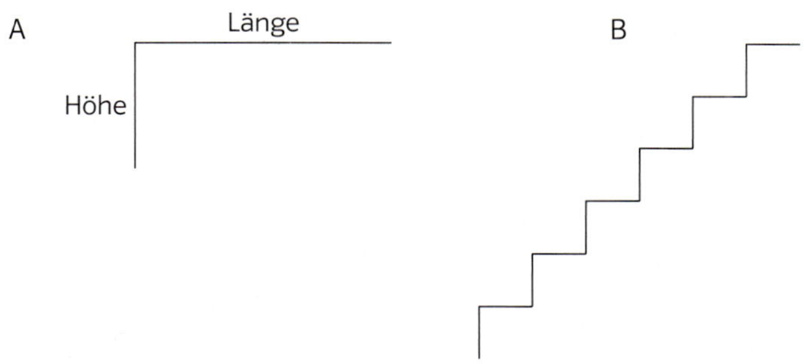

Was du gelernt hast

Mit der Anweisung `repeat` sagst du dem Computer, wie viele Male er eine bestimmte Tätigkeit wiederholen soll. Die Anzahl der Wiederholungen gibst du durch eine Zahl direkt nach der Anweisung `repeat` an. Danach folgen ein Doppelpunkt **:** und in den nächsten, eingerückten Zeilen die Tätigkeit, die wiederholt wird.
Solche Programmteile nennt man Schleifen. Die Tätigkeit, die wiederholt wird, ist der Körper der Schleife.

Kreise zeichnen

Computer können keinen perfekten Kreis zeichnen. Wenn der Computer aber ein Vieleck mit sehr vielen Ecken zeichnet, dann sehen wir die Ecken nicht mehr und das Bild sieht aus wie ein Kreis. Diese Technik wird auch in professionellen Animationsfilmen verwendet.

Beispiel 5

Lies das unten stehende Programm. Du verstehst die Funktionsweise des Befehls `kreis_2()` sicher sofort. Eigentlich macht der Befehl nichts anderes, als ein Vieleck mit 360 Ecken zu zeichnen. Aber das Ergebnis sieht aus wie ein perfekter Kreis.

```
from gturtle import *

def kreis_2():
    repeat 360:
        forward(2)
        right(1)

makeTurtle()
kreis_2()
```

Effizienz des Programms

Leider braucht der Computer relativ lange, um ein 360-Eck zu zeichnen, weil er 360 Befehle `forward(2)` und 360 Befehle `right(1)` durchführen muss. Das Programm erfüllt seine Aufgabe mit zu großem Aufwand. Es ist nicht **effizient** im Vergleich zu Programmen, die mit kleinerem Aufwand Kreise zeichnen können. Daher stellt sich die Frage, wie man das Programm effizienter machen könnte. Reichen auch weniger als 360 Ecken (und somit weniger als 360 Wiederholungen der Befehle `forward` und `right`)? Wie viele Ecken sind nötig, um einen schönen Kreis zu zeichnen? Hängt das auch von der Größe des Kreises ab? Entscheide für dich, was die ideale Anzahl Ecken ist für ein effizientes Programm, das einen schönen Kreis zeichnet.

5 Das 360-Eck in Beispiel 5 hat den Umfang $360 \cdot 2 = 720$. Ändere das Programm im Beispiel so ab, dass die Turtle als Kreis ein 36-Eck zeichnet. Achte darauf, dass der Kreis immer noch gleich groß ist wie im Beispiel. Der Kreis soll weiterhin den gleichen Umfang haben.

6 Ergänze den Befehl `kreis_2()` im Beispiel so, dass der Befehl nicht nur den Kreis zeichnet, sondern auch den Umfang des gezeichneten Kreises mit `print` ins Ausgabe-Fenster schreibt.

7 Was musst du am Programm aus Beispiel 5 ändern, damit das Programm nur einen Halbkreis zeichnet? Ändere das Beispiel so ab, dass du einen Befehl `halbkreis_2()` hast, der nur die Hälfte des Kreises zeichnet.

8 Schreibe ein Programm mit einem Befehl `viertel_kreis()`. Der Befehl zeichnet also nur einen Viertel des ganzen Kreises. Verwende diesen Befehl dann, um einen ganzen Kreis zu zeichnen, der jeweils zu einem Viertel aus den Farben Gelb, Rot, Blau und Grün besteht.

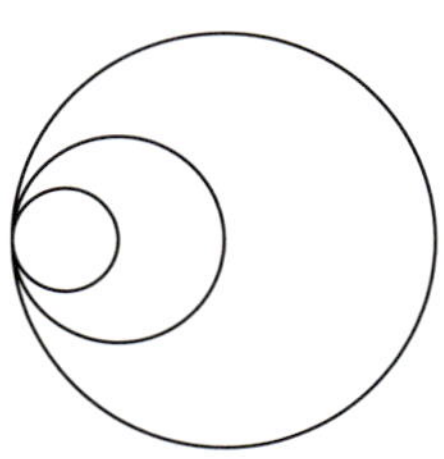

9 Schreibe ein Programm, das die Form wie in der Abbildung links zeichnet. Der kleinste Kreis hat einen Umfang von 360. Danach verdoppelt sich der Umfang jedes Kreises.

Beispiel 6

Das Programm in diesem Beispiel zeichnet ein Blütenblatt wie in der Abbildung. Das Blatt besteht aus zwei Drittelkreisen. Schreibe das Programm ab und lass es vom Computer ausführen.

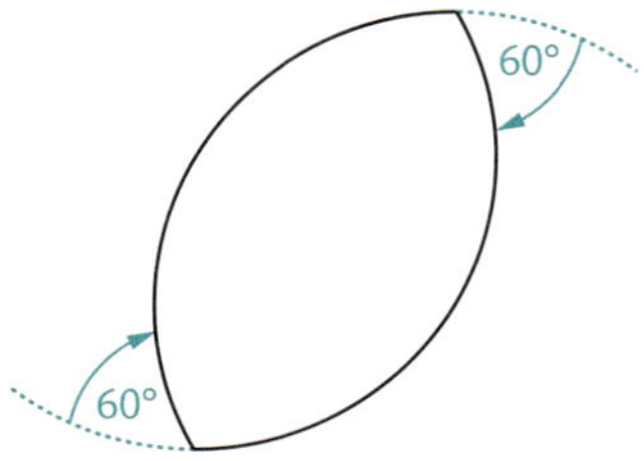


```
from gturtle import *

def drittel_kreis():
    repeat 12:
        forward(25)
        right(10)

def bluetenblatt():
    drittel_kreis()
    right(60)
    drittel_kreis()
    right(60)

makeTurtle()
bluetenblatt()
```

10 Schreibe ein Programm, das den Befehl `bluetenblatt()` aus dem Beispiel verwendet, um eine Blume wie in der Abbildung zu zeichnen. Du kannst die Blütenblätter auch abwechselnd mit zwei verschiedenen Farben zeichnen lassen.

Was du gelernt hast

Computer können nur gerade Linien zeichnen. Deshalb muss man Kreise und Bogen aus vielen kleinen geraden Linienstücken zusammensetzen. Den Kreis zum Beispiel kannst du als Vieleck mit sehr vielen Ecken zeichnen lassen.
Je mehr Ecken ein Vieleck hat, umso perfekter wird der Kreis. Aber der Computer braucht auch länger, um diesen Kreis zu zeichnen, weil er mehr Befehle ausführen muss. Du musst also jeweils herausfinden, wie viel Aufwand nötig ist, um die gewünschte Genauigkeit zu erreichen, ohne dass dein Programm unnötig lange arbeitet.

Der modulare Entwurf mit Schleifen

Natürlich darfst du `repeat` auch im Körper einer Schleife verwenden und so eine Schleife in eine andere setzen. Viel besser ist es aber, wenn du den modularen Entwurf verwendest und einzelnen Programmteilen einen Namen gibst.

Beispiel 7

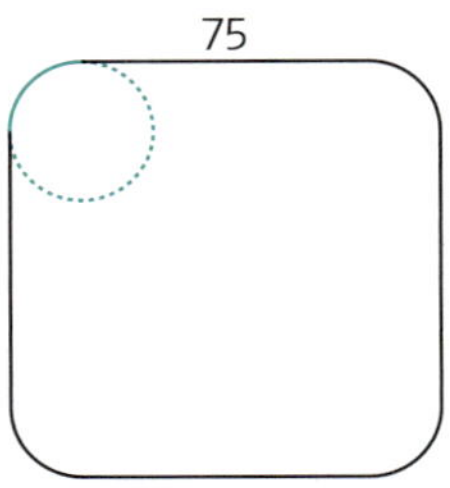

Das Programm in diesem Beispiel zeichnet ein Quadrat mit abgerundeten Ecken. Das bedeutet, dass sich die Turtle an einer Ecke nicht bloß um 90° drehen kann. Stattdessen zeichnet sie einen kleinen Viertelkreis (siehe farbige Markierung in der Abbildung).
Für das Programm verwenden wir zwei Schleifen: Die Schleife mit `repeat 9:` geht von Zeile 4 bis Zeile 6 und zeichnet einen Viertelkreis. Die zweite Schleife mit `repeat 4:` geht von Zeile 3 bis Zeile 7 und zeichnet bei jedem Durchgang den Viertelkreis und eine Linie der Länge 75. Schreibe das Programm ab und beobachte, wie die Turtle läuft.

```
1  from gturtle import *
2  makeTurtle()
3  repeat 4:
4      repeat 9:
5          forward(4)
6          left(10)
7      forward(75)
```

innere Schleife (Zeilen 4–6)

äußere Schleife (Zeilen 3–7)

Wie oft wird das `forward(4)` in Zeile 5 eigentlich wiederholt? Insgesamt 4 · 9 = 36-mal. Warum wird dann aber das `forward(75)` in Zeile 7 nur viermal wiederholt? Weil es gegenüber dem `repeat 9:` nicht eingerückt ist und damit nicht zur Schleife mit `repeat 9:` gehört.

Mit dem modularen Entwurf können wir das Programm viel verständlicher schreiben. Anstatt einfach Schleifen in Schleifen zu verwenden, definieren wir neue Befehle und geben so an, was jede Schleife eigentlich tut. Das folgende Beispiel zeigt dies.

Beispiel 8

Das folgende Programm zeichnet das gleiche Quadrat mit runden Ecken wie im letzten Beispiel. Jetzt ist aber deutlicher, was gezeichnet wird: Die erste Schleife mit `repeat 9:` zeichnet einen Viertelkreis, die zweite Schleife mit `repeat 4:` ein Quadrat mit runden Ecken.

```
from gturtle import *

def viertel_kreis():
    repeat 9:
        forward(4)
        left(10)

def rund_quadrat():
    repeat 4:
        viertel_kreis()
        forward(75)

makeTurtle()
rund_quadrat()
```

erste Schleife (repeat 9)

zweite Schleife (repeat 4)

Was ein gutes Programm ausmacht

Zerlege ein Programm immer in einzelne Teile mit klaren Aufgaben. Jeder Teil erhält einen beschreibenden Namen. Verwende dann Schleifen in den einzelnen Teilen für Wiederholungen.
Für ein gutes Programm gilt folgende Regel: Du siehst bei jedem Programmteil sofort, was er macht und wie er es macht. Zum Beispiel siehst du im Programm oben, wie das „runde Quadrat“ gezeichnet wird: Viermal nacheinander werden ein Viertelkreis und eine gerade Linie der Länge 75 gezeichnet.

11 Schreibe drei Programme, um die folgenden Figuren zeichnen zu lassen. Verwende in jedem Programm möglichst geschickt Schleifen und den modularen Entwurf.

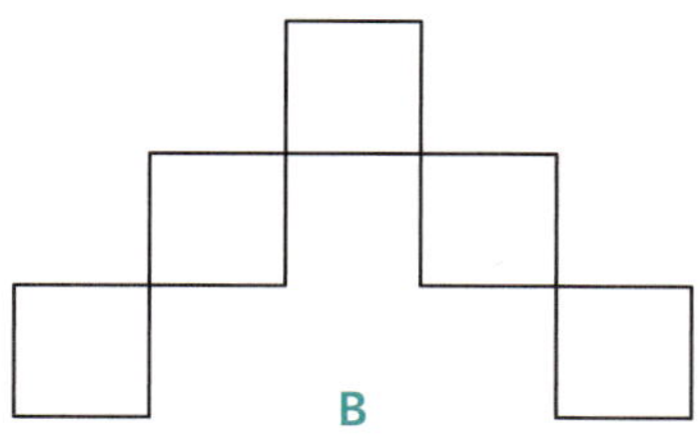

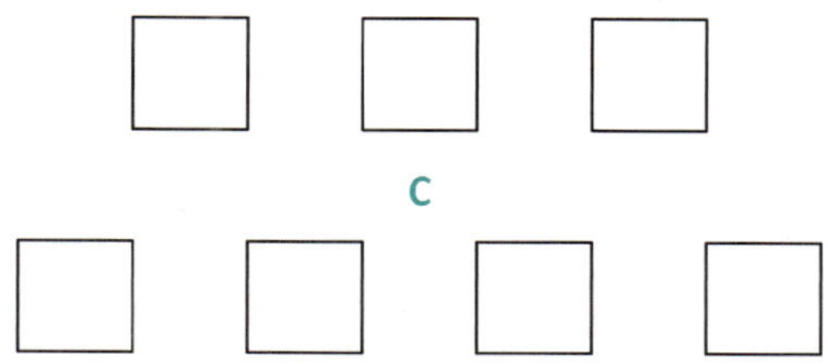

Die Turtle bewegen, ohne zu zeichnen

Manchmal möchtest du die Turtle bewegen, ohne dass sie eine Spur zeichnet.
Wenn die Turtle nichts zeichnen sollte, dann hast du bis jetzt eine weiße Linie gezeichnet. Es gibt noch eine zweite Möglichkeit: Mit `penUp()` sagst du der Turtle, sie soll ihren Zeichenstift anheben. Dann zeichnet sie gar nichts mehr (auch keine weiße Linie). Mit `penDown()` sagst du der Turtle, dass sie ihren Zeichenstift wieder senken und weiterzeichnen soll.

Beispiel 9

Das Programm in diesem Beispiel zeichnet eine gestrichelte Linie. Dazu wird eine kurze Linie gezeichnet. Dann hebt die Turtle ihren Stift hoch, läuft zwei Schritte und senkt ihren Stift wieder, um dann weiterzuzeichnen.

```
from gturtle import *

def gestrichelte_linie_100():
    repeat 25:
        forward(2)
        penUp()
        forward(2)
        penDown()

makeTurtle()
gestrichelte_linie_100()
```

12 Manchmal ist es unpraktisch, dass die Turtle in der Mitte des Fensters startet. Mit den Befehlen `penUp()` und `penDown()` kannst du die Turtle in die linke obere Ecke des Fensters bewegen, ohne dass sie etwas zeichnet.
Entwickle ein Programm, in dem die Turtle in der linken oberen Ecke startet und dann ein möglichst großes Quadrat zeichnet.

Figuren ausfüllen

Wie zeichnest du mit der Turtle eine Figur, die ganz mit Farbe gefüllt ist? Du lässt die Turtle ganz dicht nebeneinander viele Linien zeichnen. Wenn die Turtle zwei dünne Linien dicht nebeneinander zeichnet, dann entsteht bereits eine dickere Linie. Mit solchen dicken Linien kannst du dann ein Quadrat zeichnen, das ganz mit Farbe ausgefüllt ist.

Beispiel 10

Das Programm unten hat zwei Befehle. Der Befehl `dicke_linie()` zeichnet zwei dünne Linien nahe beieinander, sodass eine dicke Linie entsteht. Der Befehl `quadrat_gefuellt()` zeichnet dann 99 dicke Linien, sodass dabei ein Quadrat entsteht. Schreibe das Programm ab und beobachte, wie die Turtle das Quadrat ausfüllt.

```
from gturtle import *

def dicke_linie():
    forward(100)
    right(90)
    forward(1)
    right(90)
    forward(100)
    right(180)

def quadrat_gefuellt():
    repeat 99:
        dicke_linie()

makeTurtle()
quadrat_gefuellt()
```

13 Erkläre, warum für das Quadrat in Beispiel 10 nur 99 dicke Linien gemalt werden und nicht 100. Überlege, ob die Linien nebeneinander stehen oder sich überschneiden.

14 Entwickle ein Programm, das ein rotes, gefülltes Quadrat mit der Seitenlänge 75 zeichnet. Tipp: Damit das Zeichnen schneller geht, kannst du auch mit dem Befehl `hideTurtle()` (siehe Kapitel 2) arbeiten. Beachte, dass du dafür nur 74 dicke Linien zeichnen musst.

15 Entwickle ein Programm, das ein gefülltes Rechteck zeichnet. Die eine Seite soll 210 lang sein, die andere 80. Wähle selber die Farbe.

16 Schreibe ein Programm, das ein Schachfeld der Größe 8 × 8 zeichnet. Ein Quadrat darin soll die Seitenlänge 25 haben. Die einzelnen Quadrate sollen abwechselnd gelb und braun ausgefüllt werden.

Was du gelernt hast

Schleifen dürfen auch andere Schleifen enthalten. Es ist aber fast immer besser, mit dem modularen Entwurf zu arbeiten. Du gibst also den einzelnen Programmteilen einen Namen. Dadurch wird dein Programm verständlich und du kannst es jederzeit anpassen. Dank Schleifen und des modularen Entwurfs kannst du in großen und komplizierten Programmen die Übersicht behalten.

Animationen mit Schleifen

Die Anweisung `repeat` ist wie geschaffen für die Programmierung von Animationen. Wie lange sich die Objekte im Bild bewegen, bestimmst du mit der Anzahl der Wiederholungen.

Beispiel 11

In Beispiel 8 in Kapitel 2 haben wir als Animation einen Fisch bewegt, indem wir den Befehl `ein_schritt()` wiederholt hingeschrieben haben. Das Wiederholen kann der Computer selbst übernehmen, wenn wir eine `repeat`-Schleife verwenden. Baue das Programm in diesem Beispiel vollständig aus und verwende dabei eine `repeat`-Schleife, um den Fisch über den ganzen Bildschirm zu bewegen.

```
from gturtle import *

...

def zeige_fisch():
    ...

def ein_schritt():
    ...

makeTurtle()
hideTurtle()
ein_schritt()
ein_schritt()
ein_schritt()
ein_schritt()
ein_schritt()
```

```
from gturtle import *

...

def zeige_fisch():
    ...

def ein_schritt():
    ...

makeTurtle()
hideTurtle()

repeat 5:
    ein_schritt()
```

17 Schreibe ein Programm mit einer Tier-Animation. Dazu definierst du zunächst zwei neue Befehle, die jeweils ein Tier zeichnen wie in der Abbildung unten, jedoch mit unterschiedlichen Beinen. Dann lässt du das Tier wie den Fisch in Beispiel 11 von links nach rechts über den Bildschirm gehen. Wenn du immer zwischen den beiden Bildern abwechselst, dann entsteht der Eindruck, als würde das Tier tatsächlich seine Beine bewegen.

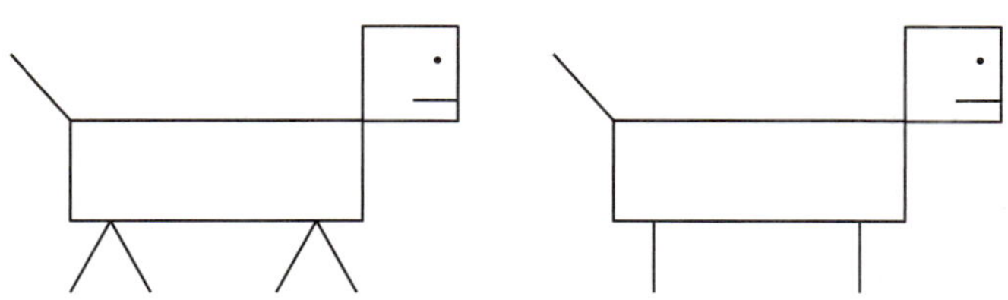

Was du gelernt hast

Weil Animationen viel mit Wiederholungen zu tun haben, sind Schleifen mit `repeat` ideal für Animationen geeignet. Deine Animation wird außerdem lebendiger, wenn du die Figur nicht nur bewegst, sondern auch leicht änderst.

Zusammenfassung

In der Informatik automatisieren wir Vorgänge, die sich oft wiederholen.
Besonders gut geeignet dazu sind **Schleifen**: Mit `repeat` befiehlst du dem Computer, einen Vorgang eine bestimmte Anzahl Male zu wiederholen. Dadurch ersparst du dir Tipparbeit und deine Programme werden übersichtlicher und verständlicher.
Weil Computer keine Kreise oder gebogenen Linien zeichnen können, müssen wir den Kreis als Vieleck mit vielen Ecken annähern. Hier musst du dich entscheiden: Je mehr Ecken das Vieleck hat, umso genauer wird der Kreis, aber umso länger braucht die Turtle auch zum Zeichnen.

In diesem Kapitel hast du folgende Befehle gelernt:

`repeat` **Anzahl**: `Körper`	Einen Programmteil eine Anzahl Male ausführen. Der Körper mit den Befehlen, die wiederholt werden, muss eingerückt sein.
`penUp()`	Den Stift hochheben und nicht mehr zeichnen.
`penDown()`	Den Stift senken und wieder zeichnen.

Der ganze Programmteil mit `repeat` und dem Körper, der wiederholt wird, heißt **Schleife**.
Bei großen Programmen empfiehlt es sich, `repeat` mit dem modularen Entwurf zu kombinieren. So bleiben auch komplexe Programme übersichtlich.

Teste dich selbst

Konzepte und Befehle

1 Warum haben wir die Anweisung `repeat` eingeführt? Nenne Beispiele von Aufgaben, in welchen dir die Nutzung von `repeat` viel Zeit erspart.
2 Wie gibst du bei der Anweisung `repeat` die Anzahl der Wiederholungen an?
3 Wie gibst du bei der Anweisung `repeat` an, welche Tätigkeit wiederholt werden soll?
4 Warum ist die Anweisung `repeat` besonders bei der Programmierung von Animationen hilfreich?
5 Darfst du innerhalb der Tätigkeit, die wiederholt wird, wieder die Anweisung `repeat` verwenden?
6 Warum ist die Nutzung des modularen Entwurfs im Zusammenhang mit `repeat` eine gute, übersichtliche Strategie in der Entwicklung von Programmen? Nenne ein überzeugendes Beispiel.
7 Kann man mit dem Computer einen echten Kreis zeichnen?
8 Wie kann man beim Zeichnen eines Kreises den notwendigen Aufwand steuern? Was ist der Nachteil, wenn man versucht, mit der Ausführung von wenigen Befehlen einen Kreis zu zeichnen?

Aufgaben

1 Unten siehst du ein Programm. Was macht dieses Programm? Finde zuerst ohne Computer heraus, was es zeichnet, und überprüfe dann deine Vermutung mithilfe des Computers.

```
from gturtle import *
makeTurtle()
repeat 12:
    repeat 4:
        forward(30)
        right(90)
    right(90)
    forward(30)
    left(90)
```

2 Wie könntest du den modularen Entwurf verwenden, um das Programm aus Aufgabe 1 verständlicher zu schreiben? Schreibe das Programm so um, dass sofort klar ist, was die einzelnen Programmteile zeichnen.

3 Was gibt das folgende Programm im Ausgabe-Fenster aus?

```
repeat 3:
    print 5 * "Apfel "
print 2 * "Apfel ", "Wurm ", 2 * "Apfel "
repeat 2:
    print 5 * "Apfel "
```

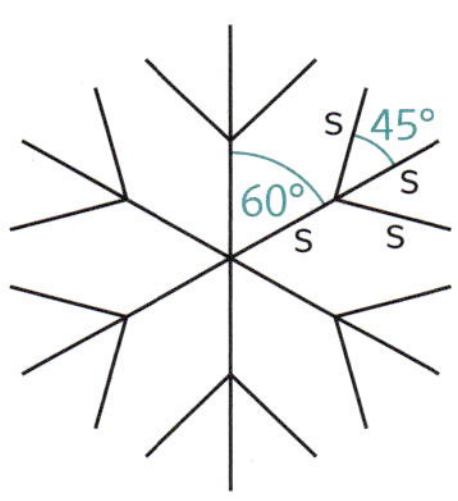

4 Entwickle ein Programm, das eine Schneeflocke wie in der Abbildung links zeichnet. Nutze dafür die Anweisung `repeat`. Die Länge s soll 40 betragen.

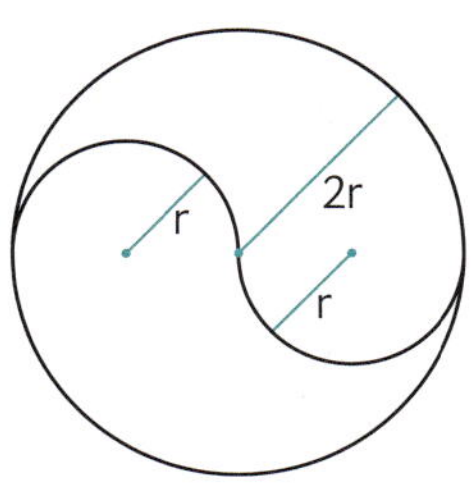

5 Schreibe ein Programm, das ein Kreismuster wie in der Abbildung links zeichnet. Das Muster besteht aus einem großen Kreis und einer Wellenlinie. Die Welle ist zusammengesetzt aus zwei kleinen Halbkreisen. Der Umfang der Halbkreise beträgt u = 150. Der Umfang des großen Kreises beträgt 300.

6 **Projektaufgabe:** Du sollst eine Sonne mit einem darum kreisenden Planeten zeichnen. Zeichne zuerst die Sonne in die Mitte des Bildschirms. Lasse dann einen Planeten um die Sonne kreisen.

7 **Projektaufgabe:** Schreibe ein Programm, das eine Uhr zeichnet, deren Zeiger sich bewegt. Die Uhr hat nur einen Sekundenzeiger. Jede Sekunde dreht sich der Sekundenzeiger um 6°.

4 Ein Programm – viele Vorgänge

Bisher hast du immer wieder neue Programme geschrieben, die für eine einzige Tätigkeit zuständig waren. Zum Beispiel zeichnet `quadrat100()` nur ein einziges Bild, und zwar ein Quadrat mit der Seitenlänge 100. Wenn du ein Quadrat mit der Seitenlänge 200 zeichnen willst, dann musst du dafür einen neuen Befehl `quadrat200()` definieren. Dabei sind sich `quadrat100()` und `quadrat200()` sehr ähnlich. Warum definieren wir nicht einen einzigen Befehl für alle Quadrate?

In diesem Kapitel lernst du, wie man Programme entwickelt, die für das Zeichnen einer Vielfalt von Bildern, zum Beispiel von Quadraten beliebiger Größe, zuständig sind. Beim Aufruf des Programms kannst du jeweils aussuchen, welches Bild gezeichnet werden soll.

Befehle mit einem Parameter

In diesem Abschnitt lernst du, Befehle mit einem Parameter zu definieren und zu verwenden. Wenn du einen Befehl mit Parameter verwendest, dann gibst du beim Aufrufen des Befehls immer den Wert des Parameters an.

Was ist ein Parameter?

Beim Befehl `forward(`**x**`)` darfst du für **x** eine Zahl einsetzen. Diese Zahl, die du für **x** einsetzt, sagt, wie viele Schritte die Turtle vorwärts gehen soll. Bei `right(`**winkel**`)` wählst du für **winkel** eine Zahl und gibst damit an, um wie viel Grad die Turtle sich nach rechts drehen soll. Den Namen **x** in `forward(`**x**`)` oder **winkel** in `right(`**winkel**`)` nennen wir einen **Parameter**.
Warum programmieren wir also nicht einen Befehl `quadrat(`**seitenlänge**`)` mit dem Parameter **seitenlänge**? Für den Parameter **seitenlänge** kannst du einen beliebigen Zahlenwert einsetzen, der angibt, wie groß das Quadrat sein soll. Der Zahlenwert, den du dabei einsetzt, heißt der **Wert des Parameters**. Ein Parameter kann aber auch für eine Farbe stehen. Dann setzt du als Wert des Parameters nicht eine Zahl ein, sondern einen Farbnamen. Die Werte eines Parameters dürfen also auch andere Objekte als Zahlen sein, zum Beispiel Namen von Farben.

Beispiel 1

Wir wollen einen Befehl schreiben, der Quadrate beliebiger Größe zeichnen kann. Schaue dir dazu zuerst einmal drei Befehle an, die jeweils ein Quadrat gewisser Größe zeichnen. Beschreibe, wo die Gemeinsamkeiten und wo die Unterschiede liegen.

```
def quadrat100():
    repeat 4:
        forward(100)
        right(90)
```

```
def quadrat200():
    repeat 4:
        forward(200)
        right(90)
```

```
def quadrat300():
    repeat 4:
        forward(300)
        right(90)
```

Du siehst, dass die drei Befehle fast gleich sind. Abgesehen vom Namen der Befehle ist der einzige Unterschied eine andere Zahl im Befehl `forward`. Das heißt, der Parameter von `forward` hat jeweils einen anderen Wert.

Parameter für Zahlen

Wir wollen nun einen Befehl für Quadrate mit allen möglichen Seitenlängen definieren. Beim Verwenden des Befehls `quadrat()` sollst du also die Zahl in Klammern nach `forward` frei wählen können. Dafür gibst du bei der Definition an, dass zum Namen `quadrat` immer noch eine Zahl gehört, die wir hier **seite** nennen. Die Zahl **seite** ist somit der **Parameter** des Befehls `quadrat`.

Beispiel 2

Sieh dir das folgende Beispiel an. In diesem Programm schreiben wir in der Definition von `quadrat` den Parameter seite. Auch im Befehl `forward` steht der Parameter seite statt einer konkreten Zahl 100, 200 oder 300. Beim Aufruf `quadrat(100)` in Zeile 9 wird der Parameter seite überall durch den Wert 100 ersetzt und das Programm zeichnet ein Quadrat mit der Seitenlänge 100. Dieses Programm kann alle Quadrate zeichnen, die Seitenlänge kannst du dir aussuchen. Probiere es aus!

```
1  from gturtle import *
2
3  def quadrat(seite):
4      repeat 4:
5          forward(seite)
6          right(90)
7
8  makeTurtle()
9  quadrat(100)
```

seite ist hier der Parameter des Befehls `quadrat(seite)`.

Bei der Ausführung des Befehls `quadrat(100)` setzt der Computer für **seite** hier die Zahl 100 ein.

Befehle mit Parametern ausführen

Wenn der Computer die Definition `def quadrat(`**seite**`):` liest, dann speichert er nur die Tatsache, dass `quadrat` den einen Parameter **seite** hat. Wenn du jetzt nur den Aufruf `quadrat()` verwendest, dann weigert sich der Computer, den Befehl auszuführen, und gibt eine Fehlermeldung aus. Wenn du den Wert angibst, ersetzt der Computer überall im Körper von `quadrat` den Parameter **seite** durch den Wert und führt dann den Befehl aus.
Der Computer kann einen Befehl mit Parameter nur dann ausführen, wenn er erfährt, für welchen Wert des Parameters er den Befehl ausführen soll. Dein Computer kann kein Quadrat zeichnen, wenn er nicht weiß, wie groß es sein soll!

1 Das Programm in Beispiel 2 zeichnet ein Quadrat mit der Seitenlänge 100. Ergänze das Programm so, dass es weitere Quadrate mit der Seitenlänge 75, 150 und 200 zeichnet.

Neue Konzepte und Befehle

Ein Befehl kann einen **Parameter** haben. Der Parameter steht immer in Klammern hinter dem Befehl. Erst wenn du den Befehl definierst, gibst du dem Parameter einen Namen. Wenn du den Befehl aufrufst, dann schreibst du den Wert (z. B. eine Zahl) für den Parameter hin.

Der Befehl `quadrat(seite)` zum Beispiel hat einen Parameter mit dem Namen **seite**. Wenn du im Programm den Befehl `quadrat(123)` verwendest, dann setzt der Computer beim Ausführen von `quadrat` für den Parameter **seite** den Zahlenwert 123 ein.

Beim Aufruf eines Befehls mit Parameter musst du immer einen Wert für den Parameter angeben, sonst weiß der Computer nicht, welche Werte er verwenden soll, und gibt eine Fehlermeldung aus.

2 Schreibe ein Programm, das zwei regelmäßige Sechsecke zeichnet, eines mit der Seitenlänge 80 und eines mit der Seitenlänge 96. Definiere dazu zuerst einen Befehl `sechseck(seite)`, mit dem du alle regelmäßigen Sechsecke zeichnen kannst.

Beispiel 3

In Beispiel 11 von Kapitel 1 hast du mit der Turtle ein rechtwinkliges gleichschenkliges Dreieck gezeichnet. Jetzt wollen wir daraus einen Befehl `rw_dreieck(x)` definieren, der alle rechtwinkligen gleichschenkligen Dreiecke wie in der Abbildung zeichnet. Der Parameter gibt die Länge der kürzeren Seiten x an. Die längere Seite ist 1,414214-mal so lang. Damit kann der Computer die Länge der Seite selber ausrechnen.

```
from gturtle import *

def rw_dreieck(x):
    right(45)
    forward(x)
    right(90)
    forward(x)
    right(135)
    forward(x * 1.414214)

makeTurtle()
rw_dreieck(350)
```

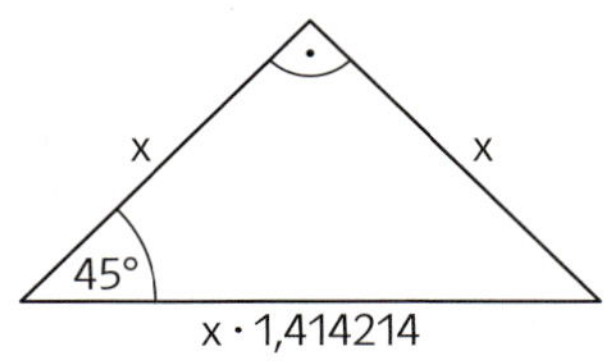

Beispiel 4

Wir möchten einen Befehl `treppe(anzahl_stufen)` definieren, der eine Treppe zeichnet. Je nach Situation brauchen wir mehr oder weniger Stufen. Deshalb ist die Anzahl der Stufen ein Parameter. Die ganze Treppe soll 240 hoch und 300 lang sein. Wir überlegen uns zuerst, wie wir die Länge und die Höhe einer Stufe berechnen können. Bei 15 Stufen ist jede Stufe $\frac{240}{15}$ = 16 hoch und $\frac{300}{15}$ = 20 lang.
Bei x Stufen rechnen wir also mit Höhe = $\frac{240}{x}$ = 240/x und Länge = $\frac{300}{x}$ = 300/x.
Die Definition des Befehls sieht dann so aus:

```
def treppe(anzahl_stufen):
    repeat anzahl_stufen:
        forward(240 / anzahl_stufen)
        right(90)
        forward(300 / anzahl_stufen)
        left(90)
```

Wenn du den Befehl `treppe` als `treppe(6)` verwendest, dann wird der Computer während der Ausführung überall den Parameter anzahl_stufen durch den Wert 6 ersetzen. Schreibe ein Programm, das mithilfe des Befehls `treppe` eine Treppe von sechs Stufen zeichnet.

3 Definiere einen Befehl, der alle regelmäßigen Vielecke mit der Seitenlänge 50 zeichnen kann. Die Anzahl der Ecken soll ein Parameter sein, den du frei wählen kannst. An jeder Ecke des Vielecks dreht sich die Turtle um denselben Winkel. Überlege dir zuerst, wie der Computer diesen Winkel aus der Anzahl der Ecken berechnen kann.
Zeichne mit deinem Befehl ein Fünfeck und ein Achteck.

Parameter für Farben

Parameter können nicht nur für Zahlen stehen, sondern auch für Farben. Vom Programmieren her gibt es eigentlich keinen Unterschied zu Parametern für Zahlen.

Beispiel 5

In diesem Beispielprogramm hat der Befehl `farb_quadrat100` einen Parameter farbe, mit dem du die Farbe des Quadrats angeben kannst. Du siehst hier, dass die Werte von Parametern nicht immer Zahlen sein müssen. In diesem Fall muss der Wert des Parameters farbe ein Farbname in Anführungszeichen sein.

```
from gturtle import *

def farb_quadrat100(farbe):
    setPenColor(farbe)
    repeat 4:
        forward(100)
        right(90)

makeTurtle()
farb_quadrat100("red")
left(45)
farb_quadrat100("gold")
```

4 Definiere einen Befehl `farb_dreieck(farbe)`. Der Befehl zeichnet ein gleichseitiges Dreieck mit der angegebenen Farbe. Das Dreieck hat eine Seitenlänge von 200. Schreibe dann ein Programm, das mit deinem Befehl drei Dreiecke mit verschiedenen Farben nebeneinander zeichnet.

Was du gelernt hast

Du kannst die Definition eines neuen Befehls erweitern. Anstelle von

`def` **Befehlsname** `():`

kannst du auch einen Parameter angeben:

`def` **Befehlsname** (**Parameter**)`:`

Wenn du diesen erweiterten Befehl verwendest, musst du in den Klammern einen konkreten Wert (eine Zahl oder einen Farbnamen) angeben, zum Beispiel `Befehlsname(70)`. Bei der Ausführung des Befehls wird **Parameter** überall im Körper des Befehls durch den entsprechenden Wert ersetzt. Ein Parameter ermöglicht es dir, eine Eigenschaft der ausgeübten Tätigkeit bzw. des gezeichneten Bildes frei zu wählen. Ein Parameter kann beliebige Eigenschaften der ausgeübten Tätigkeit beeinflussen: die Größe, die Farbe und die Form der gezeichneten Objekte oder die Anzahl der Wiederholungen.

Befehle mit mehreren Parametern

Kann ein Befehl auch mehr als einen Parameter haben? Ja, ein Befehl kann im Prinzip so viele Parameter haben, wie du möchtest. Das ist nützlich und hilfreich, denn mithilfe von Parametern kann ein einzelner Befehl eine noch größere Vielfalt an Tätigkeiten übernehmen. Um verschiedene Parameter in der Befehlsdefinition voneinander zu trennen, verwendest du Kommas.

Beispiel 6

Wir wollen einen Befehl schreiben, der regelmäßige Vielecke zeichnet. Die Anzahl der Ecken und die Seitenlänge sollen frei wählbar sein. Aus deiner Erfahrung mit dem Zeichnen von Vielecken weißt du, wie ein solcher Befehl aussehen sollte:

```
from gturtle import *

def vieleck(anzahl_ecken, seite):
    repeat anzahl_ecken:
        forward(seite)
        right(360 / anzahl_ecken)

makeTurtle()
vieleck(12, 50)
```

Der Parameter anzahl_ecken bestimmt die Anzahl der Ecken und der Parameter seite bestimmt die Länge der Seiten. Beim Aufruf `vieleck(12, 50)` wird ein regelmäßiges 12-Eck mit der Seitenlänge 50 gezeichnet. Der arithmetische Ausdruck `360 / anzahl_ecken` wird ausgewertet, indem für den Parameter die Zahl 12 eingesetzt wird und der Computer so 360/12 = 30 ausrechnet.

Neue Konzepte und Befehle

Ein Befehl kann mehrere Parameter haben:

`def` **Befehlsname (Parameter1, Parameter2, Parameter3, ...):**

Beim Aufruf muss man für jeden Parameter einen Wert angeben.

Beispiel 7

Es gibt immer wieder Aufgaben, in denen du Quadrate in verschiedenen Farben zeichnen sollst. Wir definieren daher den Befehl `farb_quadrat(seite, farbe)` mit zwei Parametern. Der erste Parameter gibt die Seitenlänge an, der zweite die Farbe des Quadrats.

```
from gturtle import *

def farb_quadrat(seite, farbe):
    setPenColor(farbe)
    repeat 4:
        forward(seite)
        right(90)

makeTurtle()
farb_quadrat(144, "green")
```

5 Wozu kannst du Farb-Parameter wie im letzten Beispiel brauchen? Kannst du sagen, warum Farb-Parameter zum Beispiel bei Animationen nützlich sein können?

6 Definiere einen Befehl zum Zeichnen einer Treppe, die von links unten nach rechts oben steigt. Der Befehl soll drei Parameter haben: einen für die Länge einer Stufe, einen für die Höhe einer Stufe und einen für die Anzahl der Treppenstufen. Zeichne dann mit deinem Befehl eine Treppe mit acht Stufen. Dabei hat jede Stufe eine Höhe von 16 und eine Länge von 21.

7 Maria hat einen Befehl für ein Dreieck geschrieben und möchte damit ein rotes Dreieck zeichnen. Leider funktioniert ihr Programm nicht. Erkläre, was an Marias Programm falsch ist, und korrigiere es so, dass es läuft.

```
from gturtle import *

def farb_dreieck(s, f):
    setPenColor(f)
    repeat 3:
        forward(s)
        left(360 / 3)

makeTurtle()
farb_dreieck("red", 100)
```

8 Erkläre anhand von Marias Programm in Aufgabe 7, warum Parameter möglichst sinnvolle Namen haben sollen, deren Bedeutung aus dem Namen hervorgeht.

Was du gelernt hast

Befehle dürfen beliebig viele Parameter haben. Jeder Parameter steht für einen Wert (eine Zahl oder einen Farbnamen), den du erst bei der Verwendung des Befehls wählst. Ein Parameter kann also bei jeder Verwendung des Befehls einen anderen Wert haben. Die Namen der Parameter stehen immer in den Klammern nach dem Namen des Befehls und sind voneinander durch Kommas getrennt:

`def` **Befehlsname** (**Parameter1, Parameter2, Parameter3,** ...)**:**

Wenn du einen Befehl verwendest, dann musst du für jeden Parameter einen Wert angeben. Wenn also ein Befehl drei Parameter hat, dann musst du beim Aufrufen des Befehls auch drei Werte angeben.

Wie Parameter funktionieren

Wie funktioniert das eigentlich im Inneren des Computers, wenn man mit Parametern arbeitet? Wie ersetzt der Computer die Parameter durch Werte, wenn er einen Befehl ausführt? Wenn du einen Befehl neu definierst, dann macht der Computer dazu immer auch gleich eine Tabelle mit allen Parametern.

Beispiel 8

Wenn du den Befehl für ein beliebiges regelmäßiges Vieleck definierst, dann sieht das so aus:

```
def vieleck(anzahl_ecken, seite):
    repeat anzahl_ecken:
        forward(seite)
        right(360 / anzahl_ecken)
```

Für den Computer gehören zum Befehl `vieleck(anzahl_ecken, seite)` **ein Körper und eine Tabelle mit den Parametern:**

Körper des Befehls `vieleck`:

```
repeat anzahl_ecken:
    forward(seite)
    right(360 / anzahl_ecken)
```

Tabelle zum Befehl `vieleck`:

Name	Wert
anzahl_ecken	?
seite	?

Jetzt verwendest du den Befehl mit dem Aufruf:

```
vieleck(36, 720 / 36)
```

Was passiert dann mit der Tabelle? Der Computer rechnet zuerst den arithmetischen Ausdruck 720/36 aus und schreibt die Werte 36 und 20 in die entsprechenden Felder der Tabelle. Während der Computer den Befehl `vieleck(36, 20)` **Zeile um Zeile ausführt, kann er immer in der Tabelle nachschauen und die richtigen Werte für die Parameter einsetzen.**

Name	Wert
anzahl_ecken	36
seite	20

Neue Konzepte und Befehle

Wenn du einen Befehl neu definierst, dann erzeugt Python dazu immer auch gleich eine **Tabelle** mit allen Parametern des Befehls. Zu jedem Befehl speichert der Computer den Körper des Befehls, der den Befehl erklärt, und eine Tabelle mit den Parametern. Jeder Befehl hat seine eigene Tabelle. Jede Tabelle hat so viele Zeilen wie die Anzahl der Parameter des Befehls.

Wenn du den Befehl aufrufst, setzt Python zuerst die angegebenen Werte für die Parameter in die Tabelle ein. Während der Körper des Befehls ausgeführt wird, schaut Python bei jeder Verwendung eines Parameters in der Tabelle nach, welchen Wert der Parameter hat, und verwendet diesen Wert. Jedes Mal, wenn du den Befehl neu aufrufst, werden die aktuellen Werte für die Parameter neu in die Tabelle geschrieben. Sie ersetzen die alten Werte, die somit gelöscht werden.

Ein Feld in der Tabelle, in das ein Wert geschrieben wird, heißt **Speicherplatz**. Der Parametername in der Zeile ist der Name des Speicherplatzes.

9 Das Programm unten zeichnet zwei Rechtecke. Wie sieht die Tabelle der Parameter für den Befehl `rechteck` aus? Welche Werte setzt der Computer für die Parameter ein, wenn der Befehl `rechteck` in den Zeilen 12 und 13 aufgerufen wird? Zeichne zuerst die Tabelle mit den Parametern für den Befehl `rechteck`. Zeichne dann die Tabelle für die beiden Aufrufe von `rechteck` mit den angegebenen Werten.

```
 1  from gturtle import *
 2
 3  def rechteck(a, b, wd):
 4      setPenWidth(wd)
 5      repeat 2:
 6          forward(a)
 7          left(90)
 8          forward(b)
 9          left(90)
10
11  makeTurtle()
12  rechteck(150, 210, 3)
13  rechteck(184, 144, 1)
```

Was du gelernt hast

Zu jedem Befehl mit Parametern erzeugt der Computer eine Tabelle. Die Tabelle enthält alle Parameter des Befehls und (noch leere) Felder für die Werte der Parameter. Wenn du einen Befehl verwendest, dann setzt Python für jeden Parameter einen Wert ein (eine Zahl oder einen Farbnamen). So kann Python den Befehl ausführen und bei Bedarf immer nachschauen, welchen Wert ein Parameter hat.

Parameterwerte an andere Befehle weitergeben

Du hast gesehen, dass du nach `def` und dem Befehlsnamen in Klammern die Namen der Parameter auflistest, die du im Körper des Befehls verwenden willst. Bei der Ausführung des Befehls werden die Parameter des verwendeten Befehls Zeile für Zeile durch die aktuellen Parameterwerte ersetzt.
Wenn du im Körper eines Befehls wiederum Befehle als Unterprogramme mit Parametern verwendest, dann kannst du die Werte der Parameter des Hauptprogramms an die Parameter des Unterprogramms übertragen.

Beispiel 9

Kannst du dich erinnern, dass der Computer Kreise als Vielecke zeichnet? Wenn ein Vieleck sehr viele Ecken hat, dann sieht es genauso aus wie ein Kreis. Das hast du in Kapitel 3 gelernt. Wenn wir also einen Befehl haben, der ein Vieleck zeichnet, dann können wir daraus einfach einen zweiten Befehl `kreis(umfang)` machen. Der Kreis-Befehl zeichnet dann einen Kreis mit dem angegebenen Umfang.

```
1   from gturtle import *
2
3   def vieleck(anzahl_ecken, seite):
4       repeat anzahl_ecken:
5           forward(seite)
6           right(360 / anzahl_ecken)
7
8   def kreis(umfang):
9       vieleck(36, umfang / 36)
10
11  makeTurtle()
12  kreis(720)
```

Welchen Wert der Parameter **seite** von `vieleck` haben soll, das berechnet der Computer hier aus dem Parameter **umfang**. Wenn **umfang** = 720 ist, dann rechnet der Computer hier 720/36 = 20. Der Parameter **seite** hat also den Wert 20.

Was der Computer in die Tabelle schreibt

Nach dem Aufruf von `kreis(720)` schreibt der Computer die Zahl 720 in die Zeile **umfang** der Tabelle des Befehls `kreis`. Die Tabelle des Befehls `vieleck` enthält noch keine Werte. Jetzt beginnt der Computer, den Körper von `kreis` auszuführen (Zeile 9). Der Körper besteht aus einer Zeile: `vieleck(36, umfang / 36)`. Der Computer setzt zuerst 36 in die Zeile **anzahl_ecken** der Tabelle von `vieleck`. Dann rechnet er **umfang**/36 aus, indem er den aktuellen Wert von **umfang** der Tabelle von `kreis` entnimmt. Das Resultat schreibt er in die Zeile **seite** der Tabelle von `vieleck`. Somit hat der Computer auch für die Parameter **anzahl_ecken** und **seite** aktuelle Werte und kann den Befehl `vieleck` ausführen.

Beispiel 10

Mit den Parameter-Tabellen kannst du gut nachvollziehen, wie ein Befehl Parameterwerte an einen anderen Befehl weitergibt. Im Programm gibt es zwei Befehle `vieleck` und `kreis`, die beide eine Parameter-Tabelle haben.

Parameter von `vieleck`

Name	Wert
anzahl_ecken	?
seite	?

Parameter von `kreis`

Name	Wert
umfang	?

Beim Aufruf von `kreis` und `vieleck` werden die Werte in der oben beschriebenen Reihenfolge für die Parameter eingesetzt.

```
from gturtle import *

def vieleck(anzahl_ecken, seite):
    repeat anzahl_ecken:
        forward(seite)
        right(360 / anzahl_ecken)

def kreis(umfang):
    vieleck(36, umfang / 36)

makeTurtle()
kreis(720)
```

Name	Wert
umfang	720

Name	Wert
anzahl_ecken	36
seite	20

720/36

10 Definiere einen Befehl, der eine Reihe aus Quadraten zeichnet wie in der Abbildung. Der Befehl soll zwei Parameter haben: einen für die Seitenlänge eines Quadrats und einen für die Anzahl der Quadrate in der Reihe. Zeichne dann damit eine Reihe von 15 Quadraten. Jedes Quadrat hat eine Seitenlänge von 24.
Tipp: Verwende den Befehl `quadrat(seite)`, den du bereits programmiert hast.

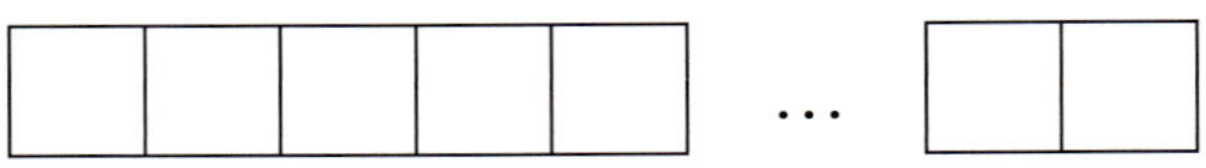

11 Definiere einen Befehl `gitter(m, n)`, der ein Gitter aus Quadraten wie in der Abbildung zeichnet. Verwende dazu den Befehl aus Aufgabe 10.
Jedes Quadrat soll eine Seitenlänge von 10 haben. Die Parameter **m** und **n** geben an, wie viele Quadrate übereinander (**m**) und nebeneinander (**n**) liegen. In der Abbildung ist m = 5 und n = 9.

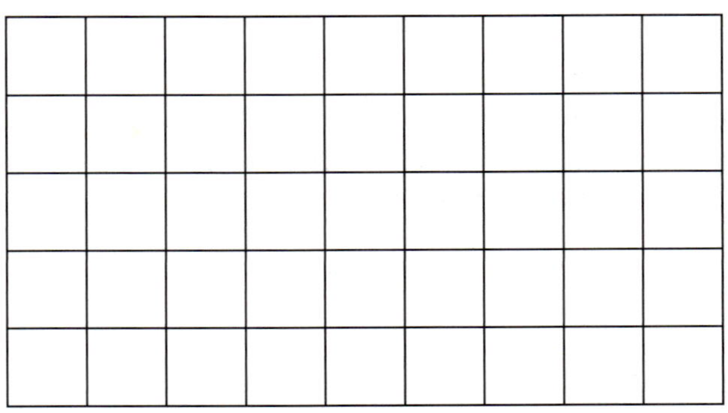

12 Definiere einen Befehl, der den Pfeil nach oben zeichnet (siehe Abbildung). Alle drei Linien des Pfeils sind gleich lang. Die Länge der Linien x und der Winkel α sollen Parameter sein. Die Turtle startet ganz unten in der Mitte mit dem Zeichnen. Zeichne einen Pfeil mit x = 100 und dem Winkel α = 45°.

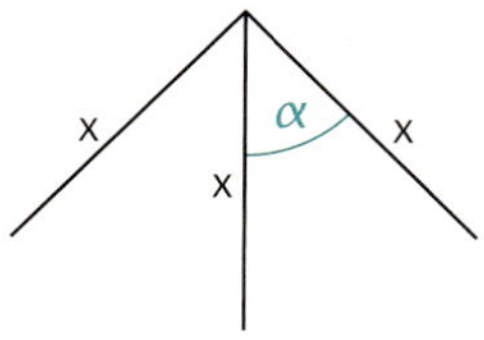

13 Definiere einen Befehl, der aus mehreren Pfeilen wie in Aufgabe 12 einen einfachen Baum wie in der Abbildung zeichnet. Der Baum soll aus drei Pfeilen bestehen. Die drei Längen x, y und z sollen wiederum Parameter sein. Der Winkel α ist immer 36°.

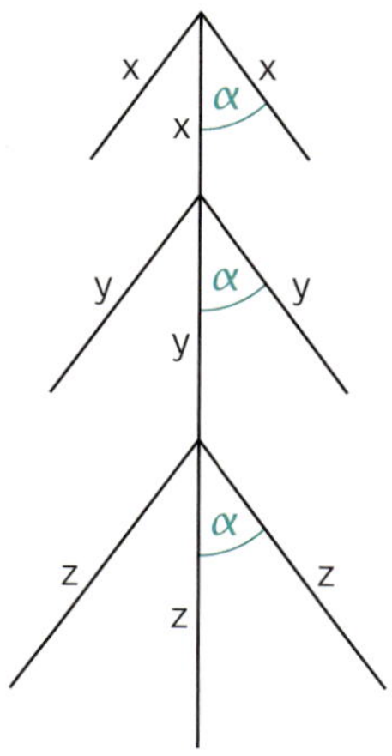

Ein Schachbrett zeichnen

Wie zeichnest du mit dem Computer ein Schachbrett mit Farben? Am besten gehst du modular vor: Zuerst definierst du einen Befehl, der ein Quadrat mit einer bestimmten Farbe zeichnet. Als Nächstes definierst du einen Befehl, der eine ganze Reihe von Quadraten zeichnet. Aus diesen Reihen von Quadraten kannst du dann am Ende das Schachbrett zusammensetzen.
Den Befehl für ein ausgefülltes Quadrat hast du bestimmt schon selber so programmiert:

```
def dicke_linie(seite):
    forward(seite)
    right(90)
    forward(1)
    right(90)
    forward(seite)
    right(180)

def farb_quadrat(seite, farbe):
    setPenColor(farbe)
    repeat seite-1:
        dicke_linie(seite)
```

14 Schreibe ein Programm, das mit dem Befehl `farb_quadrat(seite, farbe)` sechs Quadrate zeichnet. Die sechs Quadrate liegen übereinander. Jedes Quadrat hat eine Seitenlänge von 40 und die Quadrate sind abwechselnd rot und gelb.

Beispiel 11 A **Für unser Schachbrett wollen wir eine Reihe von Quadraten, die nebeneinanderliegen. Die Quadrate wechseln in der Farbe immer ab. Wir definieren dafür einen neuen Befehl** `quadrat_reihe`**. Damit die Turtle wieder an die Anfangsposition zurückkehrt, brauchen wir einen weiteren neuen Befehl:** `gehe_nach_links`.

```
def gehe_nach_links(laenge):
    penUp()
    left(90)
    forward(laenge)
    right(90)
    penDown()

def quadrat_reihe(seite, n, farbe1, farbe2):
    repeat n:
        farb_quadrat(seite, farbe1)
        gehe_nach_rechts(1)
        farb_quadrat(seite, farbe2)
        gehe_nach_rechts(1)
    gehe_nach_links(seite * 2 * n)
```

Mit dem Parameter n steuerst du, wie viele Quadrate gezeichnet werden. n ist die Anzahl Quadrate einer Farbe. In einer Reihe befinden sich also 2n Quadrate.

15 Der Befehl `quadrat_reihe()` verwendet nicht nur `gehe_nach_links()`, sondern auch einen Befehl `gehe_nach_rechts()`.
Was macht die Turtle beim Befehl `gehe_nach_rechts()`? Definiere den fehlenden Befehl `gehe_nach_rechts()` selber.

16 Schreibe ein vollständiges Programm und probiere darin den Befehl `quadrat_reihe()` aus. Lass dir damit eine Reihe von 14 Quadraten zeichnen, die abwechselnd blau und grün sind. Jedes Quadrat soll eine Seitenlänge von 22 haben.

17 Angenommen, du verwendest den Befehl:

```
quadrat_reihe(65, 3, "yellow", "purple")
```

Welchen Wert hat dann der Parameter **laenge** im Unterprogramm von `gehe_nach_links(`**laenge**`)`?

Beispiel 11 B **Schließlich kannst du aus den einzelnen Zeilen von Quadraten ein ganzes Schachbrett zusammensetzen. Weißt du bereits, wie du den Befehl** `schachbrett` **dazu definieren musst?**

```
def schachbrett(seite, m, n, farbe1, farbe2):
    repeat m:
        quadrat_reihe(seite, n, farbe1, farbe2)
        penUp()
        forward(seite)
        penDown()
        quadrat_reihe(seite, n, farbe2, farbe1)
        penUp()
        forward(seite)
        penDown()
```

18 Füge das ganze Schachbrett-Programm zusammen und verwende den Befehl:

```
schachbrett(20, 5, 3, "cyan", "dark green")
```

19 Lass dir ein Schachbrett zeichnen, das zwölf Felder breit und acht Felder hoch ist. Die Felder sollen abwechselnd gelb und braun sein. Jedes Quadrat hat eine Seitenlänge von 25.

Was du gelernt hast

Im Körper eines Befehls kannst du Parameterwerte des Befehls (d. h. des Hauptprogramms) an Parameter anderer Befehle (d. h. der Unterprogramme) weitergeben. Du kannst aus den Parametern auch neue Werte berechnen und die Resultate der Rechnungen an die Parameter anderer Befehle weitergeben.

Zusammenfassung

Mit **Parametern** kannst du Befehle definieren, die nicht nur eine einzige, sondern eine Vielfalt von Aufgaben erledigen. Ohne Parameter musst du zum Beispiel für jede Figur ein eigenes Programm schreiben: für große und kleine Quadrate, für Dreiecke, für Fünfecke usw. Mit Parametern ist es möglich, nur einen Befehl zu definieren, der beliebige regelmäßige Vielecke in verschiedenen Größen zeichnen kann.
Durch die Wahl der Parameterwerte bestimmst du, welches Vieleck gezeichnet wird. Wenn du einen neuen Befehl definierst, dann gibst du nach dem Befehlsnamen in Klammern alle Parameter an, deren Werte du frei wählen willst. Jeder Parameter braucht einen eigenen Namen. Wenn du den Befehl verwendest, dann gibst du in Klammern für jeden Parameter einen Wert an. Der Computer speichert diese Werte in einer Tabelle, in der jede Zeile genau einem Parameter entspricht. Bei der Ausführung des Programms geht der Computer Zeile für Zeile vor. Wenn ein Parameter vorliegt, sucht der Computer seinen Wert in der Tabelle und ersetzt den Parameternamen durch den Wert, der aktuell in der Tabelle steht.

Teste dich selbst

Konzepte und Befehle

1 Was können Programme mit Parametern, was Programme ohne Parameter nicht können?
2 Beim Programmieren möchtest du jeden Befehl möglichst vielfältig verwenden können. Wie helfen dir Parameter dabei?
3 Warum kannst du einen Befehl mit Parametern in mehr Situationen einsetzen als einen Befehl ohne Parameter?
4 Für wie viele unterschiedliche Bilder kann ein Befehl mit Parametern zuständig sein?
5 Wie viele Parameter darf ein Befehl haben?
6 Ist der Wert eines Parameters immer eine Zahl?
7 Was passiert, wenn du einen Befehl mit einem Parameter aufrufst, ohne für den Parameter einen Wert anzugeben?
8 Was für eine Tabelle erzeugt der Computer nach der Definition eines Befehls mit Parametern? Was befindet sich in der Tabelle, wenn du den Befehl mit konkreten Werten aufrufst?
9 Was passiert beim Aufruf `quadrat(seite / 10)`, wenn **seite** ein Parameter im Hauptprogramm ist, in dem der Befehl vorkommt?
10 Was passiert, wenn der Computer einen neuen Wert in die Tabelle schreiben will und dort schon ein Wert vorliegt?

Aufgaben

1 Definiere einen Befehl `doppeltreppe` (**anzahl_stufen**), der eine Treppe zeichnet. Der Parameter **anzahl_stufen** gibt an, wie viele Stufen die Treppe nach oben geht. Danach geht die Treppe genauso viele Stufen wieder hinunter. Die Treppe soll in der Mitte des Fensters sein.
Insgesamt soll die ganze Doppeltreppe eine Breite von 500 und eine Höhe von 200 haben. Tipp: Verwende `penUp()` und `penDown()`, um die Turtle zuerst in Position zu bringen.

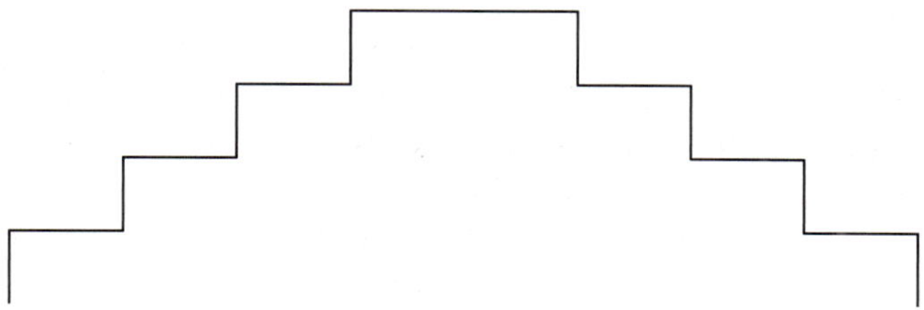

2 Definiere einen Befehl `dreieck_reihe` (**anzahl, seite**), der wie in der Abbildung eine Reihe von Zacken zeichnet. Jedes Dreieck hat dabei die Seitenlänge **seite**. Der Parameter **anzahl** gibt die Anzahl der Dreiecke an, die gezeichnet werden sollen. Zeichne mit diesem Befehl dann eine Reihe von 20 Dreiecken in der Mitte des Fensters. Jedes Dreieck hat eine Seitenlänge von 31.

3 Du hast in diesem Kapitel den Befehl `vieleck` (**anzahl_ecken, seite**) kennen gelernt. Damit kannst du beliebige Vielecke zeichnen lassen. Definiere den Befehl `quadrat` (**seite**) so, dass er möglichst kurz ist und den Befehl `vieleck` in seinem Körper verwendet.

4 **Projektaufgabe:** Du hast im letzten Kapitel gelernt, aus Kreisbogen eine Blume zu zeichnen (Kapitel 3, Beispiel 6). Jedes Blütenblatt bestand aus zwei Drittelkreisen. Wenn du Viertel- oder sogar Sechstelkreise verwendest, dann werden die Blütenblätter schmaler.
Definiere einen Befehl, der eine ganze Blume mit Blütenblättern und Stiel zeichnet. Dein Befehl hat mindestens drei Parameter: einen für die Länge des Stiels, einen für die Anzahl der Blütenblätter und einen für den Anteil des Kreises (sollen die Blütenblätter aus einem Drittel- oder einem Viertelkreis bestehen?). Du kannst auch einen Parameter für die Farbe verwenden und so Blumen in verschiedenen Farben zeichnen.

5 **Projektaufgabe:** Programmiere eine Animation, in der ein Fisch immer im Kreis schwimmt. Der Fisch soll dabei immer in die Richtung schauen, in die er schwimmt. Der Umfang des Kreises und die Geschwindigkeit des Fischs sollen frei wählbar sein.

5 Variablen

Mit den **Parametern** aus dem letzten Kapitel kannst du mit einem einzigen Befehl, abhängig von den gewählten Parameterwerten, verschiedene Tätigkeiten ausführen lassen. Zum Beispiel genügt ein einziger Befehl, um ein beliebiges regelmäßiges Vieleck zeichnen zu lassen.

Aus der Sicht des Computers ist ein Parameter ein **Speicherplatz** mit einem bestimmten Namen. Alle Parameter eines Befehls zusammen bilden eine Tabelle. Immer wenn der Computer den Wert eines Parameters x zum Arbeiten braucht, schaut er den Wert von x in der Tabelle nach. Er arbeitet dann mit dem Wert, der im Speicherplatz x abgelegt ist. Das Konzept der Parameter verallgemeinern wir zu **Variablen**. Die Parameter nutzen wir, um Werte unter einem Namen zu speichern und später wieder zu verwenden. Bei Variablen erlauben wir zusätzlich, die Werte während der Ausführung des Programms zu ändern und die geänderten Werte beim Zeichnen, Rechnen oder Schreiben zu nutzen.

In diesem Kapitel lernst du, Variablen zu nutzen und auf diese Weise einfache Programme für noch komplexere Aufgabenstellungen zu entwickeln.

Gespeicherte Werte ändern

Wenn du Parameter verwendest, kannst du die Werte im Programm frei wählen und den gleichen Befehl mit unterschiedlichen Werten ausführen. Bei jedem Aufruf eines Befehls musst du festlegen, welchen Wert jeder Parameter haben soll. Der Wert des Parameters bleibt während der Ausführung des Befehls unverändert. Wir zeigen dir, wie du den Computer anweisen kannst, den Wert des Parameters während der Ausführung selber zu verändern, und wozu das nützlich ist.

Beispiel 1

Wir möchten eine Spirale zeichnen. Die Turtle soll jede Linie ein klein wenig länger als die letzte zeichnen. Es ist nicht schwierig, das Programm dafür zu schreiben. Aber wenn die Spirale aus 50 Linien bestehen soll, wird das Programm lang und aufwändig zu schreiben. Von den über 100 Zeilen haben wir dir hier nur einen kleinen Teil hingeschrieben.

```
from gturtle import *

def spirale(seite):
    forward(seite)
    left(90)
    forward(seite + 5)
    left(90)
    forward(seite + 10)
    left(90)
    forward(seite + 15)
    ...
    forward(seite + 245)

makeTurtle()
spirale(10)
```

Das Programm wiederholt immer die gleichen zwei Befehle: `forward(seite)` und `left(90)`. Nur der Wert von seite ändert sich. Wir wollen den Befehl `spirale(seite)` mit einer Schleife schreiben. Der Computer soll uns die Arbeit der Wiederholung abnehmen. Das würde so aussehen:

```
def spirale(seite):
    repeat 50:
        forward(seite)
        left(90)
        erhöhe den Wert von seite um 5
```

Was dir hier fehlt, ist die Möglichkeit, den Wert von seite zu ändern. Das geht mit dem Befehl `seite += 5`.

Damit wird der Wert von seite bei jeder Wiederholung um 5 erhöht. Baue diesen Befehl in die Schleife oben ein und lass dir so die Spirale zeichnen.

1 Ändere das Programm aus Beispiel 1 so ab, dass es eine Spirale mit folgenden Eigenschaften zeichnet: Die erste Seite hat eine Länge von 6. Jede weitere Seite ist um 2 länger als die vorherige Seite. Die Spirale hat insgesamt 36 Seiten.

Neue Konzepte und Befehle

- Eine **Variable** ist ein Speicherplatz mit einem Namen. Im Speicherplatz kann genau ein Wert gespeichert werden. Diesen Wert nennen wir den aktuellen Wert der Variable.
  Der Name „Variable" betont, dass sich der Wert im Speicherplatz während der Ausführung des Programms ändern darf. Der Wert kann variieren.
- Du änderst den Wert einer Variable **x**, indem du mit `x += zahlenwert` einen Zahlenwert zum Wert der Variable **x** hinzuzählst.
  Mit `x -= zahlenwert` kannst du einen Zahlenwert vom Wert der Variable **x** abziehen.
- Mit dem Befehl `x *= zahlenwert` wird der Wert der Variable **x** mit dem Zahlenwert multipliziert. Mit `x /= zahlenwert` wird der Wert der Variable **x** durch den Zahlenwert dividiert. So kannst du mit `x *= 2` den Wert der Variable **x** verdoppeln und mit `x /= 2` halbieren.

2 Entwickle ein Programm, das eine Spirale von außen nach innen zeichnet. Die Spirale hat folgende Eigenschaften: Die erste Seite hat eine Länge von 200. Jede weitere Seite ist um 3 kürzer als die vorherige. Die Spirale hat insgesamt 50 Seiten.

3 Modifiziere das Programm in Beispiel 1 so, dass eine sechseckige Spirale entsteht. Die Länge der ersten Seite ist 10. Die Seite wird immer mit dem Wert 1,2 multipliziert. Die Schleife wird 18 Mal wiederholt.

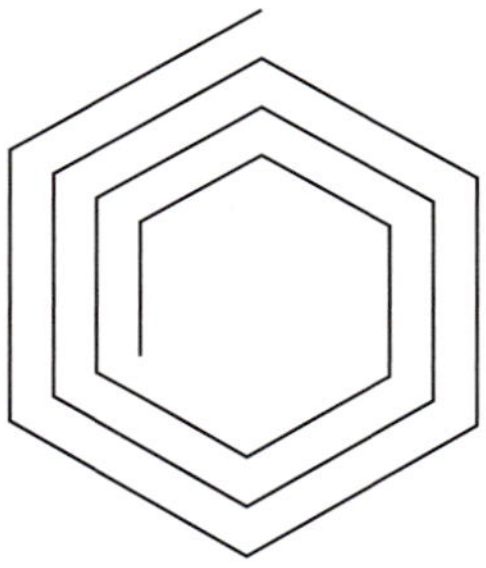

4 Entwickle ein Programm, das eine sechseckige Spirale zeichnet. Definiere dazu einen Befehl `sechseck_spirale(`**seite**`, `**anzahl**`)` mit den beiden Parametern **seite** und **anzahl**. Über den Parameter **seite** gibst du die Länge der ersten Seite an. Der Parameter **anzahl** gibt die Anzahl der Seiten an. Während die Spirale gezeichnet wird, wird die Länge der Seite immer um 3 erhöht.

5 Entwickle ein Programm, in dem die Turtle ein halbes Herz wie in der Abbildung zeichnet. Dazu geht die Turtle zuerst 10 Schritte nach oben. Dann dreht sie sich um 30° nach links und macht wieder 10 Schritte. Danach dreht sie sich um 28° nach links und macht wieder 10 Schritte. Das nächste Mal dreht sie sich noch um 26° nach links und macht 10 Schritte usw. Insgesamt soll die Turtle so 16 Linienstücke zeichnen. Der Winkel, um den sie sich dreht, wird jedes Mal um 2° kleiner.
Tipp: Verwende in der Schleife den Befehl `winkel -= 2`, um den Winkel um 2° kleiner zu machen.

Variablen-Werte beobachten

Die Werte von Variablen können sich bei der Ausführung eines Programms ändern. Mit einer Zeit-Tabelle dokumentierst du die Änderungen: Du schreibst während der Ausführung immer wieder auf, welchen Wert die Variablen gerade haben.

Beispiel 2

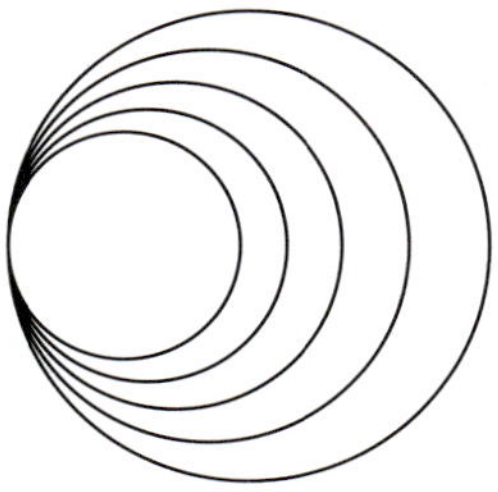

Wir beobachten, wie sich die Werte der Variablen in einem Programm verändern. So wird es einfacher, den Umgang mit Variablen zu meistern. Für die Beobachtung der Variablen-Werte haben wir ein Programm ausgewählt, das immer größere Kreise zeichnet (siehe Abbildung links). Über die Parameter anzahl und umfang wählst du die Anzahl der Kreise und den Umfang des kleinsten Kreises. Jeder Kreis ist 1,2 Mal größer als der vorherige.

```
1  from gturtle import *
2
3  def kreise(anzahl, umfang):
4      repeat anzahl:
5          repeat 36:
6              forward(umfang / 36)
7              right(10)
8          umfang *= 1.2
9
10 makeTurtle()
11 kreise(5, 500)
```

Tabelle des Programms kreise	
anzahl	5
umfang	500

Du weißt, dass der Computer bei der Definition von `kreise(anzahl, umfang)` eine Tabelle mit zwei Zeilen für anzahl und umfang erstellt. Beim Aufruf `kreise(5, 500)` überträgt der Computer die Werte 5 und 500 in die Speicherplätze der Tabelle.
Wir wollen die Entwicklung der Werte in der Tabelle während der Ausführung von `kreise(5, 500)` dokumentieren. Dafür erstellen wir für uns eine sogenannte Zeit-Tabelle. Zuerst müssen wir uns entscheiden, an welcher Stelle im Programm wir die Werte der Variablen anschauen möchten. Dies passiert immer an einer Stelle zwischen zwei Zeilen. Wir entscheiden uns für die Stelle zwischen Zeile 7 und Zeile 8, also gerade vor dem Befehl `umfang *= 1.2`. Somit schauen wir uns die Werte genau so viele Male an, wie die äußere Schleife `repeat` anzahl durchlaufen wird. In unserem Fall sind das 5-mal. Damit ergibt sich die folgende Zeit-Tabelle:

Zeit-Tabelle für das Programm kreise(5, 500)					
i-ter Durchlauf der Schleife	1	2	3	4	5
anzahl	5	5	5	5	5
umfang	500	600	720	864	1036,8

Beim ersten Durchlauf der Schleife liegt im Speicherplatz von umfang der eingegebene Wert 500. Durch die Ausführung von `umfang *= 1.2` ändert sich der Wert zu 600. Wenn die Ausführung zum zweiten Mal zwischen Zeile 7 und Zeile 8 steht, hat umfang den Wert 600.

Tipp: Du kannst dir vom Computer die Werte der Zeit-Tabelle ausgeben lassen.
Dazu fügst du zwischen Zeile 7 und Zeile 8 die Anweisung `print umfang` ein.
Aus der Tabelle siehst du, dass der Wert der Variable **anzahl** sich während der Ausführung des Programms nie ändert. Deswegen nennen wir **anzahl** einen **Parameter**.
Die **Variable umfang** dürfen wir nicht als Parameter bezeichnen, weil ihr Wert variiert, das heißt, er ändert sich während der Ausführung des Programms.
Du könntest eine vollständige Zeit-Tabelle erstellen, in die du die Werte aller Variablen am Anfang jeder Zeile hineinschreibst. Damit würde die Tabelle aber zu groß und würde doch nicht viel mehr Informationen liefern. Deswegen entscheidest du, an welcher Stelle im Programm du die Werte der Variablen beobachten möchtest.

Wichtig: Der Computer verwendet selbst keine Zeit-Tabelle! Die Zeit-Tabelle ist eine Hilfe für dich, um die Entwicklung der Variablen zu betrachten. Für den Computer hat jede Variable einen Speicherplatz mit genau einem Wert. Wenn sich der Wert der Variable **umfang** von 600 auf 720 geändert hat, dann weiß der Computer nicht mehr, dass der Wert vorher 600 war. Er kennt immer nur den aktuellen Wert.

6 Erstelle eine Zeit-Tabelle für den Aufruf `kreise(3, 400)`. Wähle den Anfang von Zeile 8 in Beispiel 2 für die Beobachtungen.

7 Erstelle Zeit-Tabellen für die Programme, die du in den Aufgaben 2 und 3 geschrieben hast. Wähle selbst aus, am Anfang welcher Zeile du die Werte der Variablen beobachten möchtest. Überprüfe die Korrektheit deiner Zeit-Tabellen, indem du an den richtigen Stellen `print`-Anweisungen in deine Programme einbaust.

8 Verändere das Programm in Beispiel 2 so, dass das Bild unten entsteht.

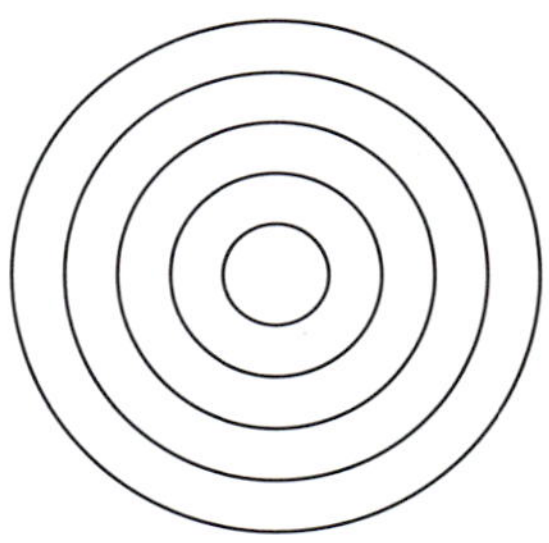

Mit Variablen Zahlenfolgen erstellen

Mit Variablen kannst du nicht nur immer größere Formen zeichnen. Du kannst auch Quadratzahlen berechnen und ausgeben lassen. Der Computer stellt dir also eine Liste mit Quadratzahlen zusammen.

Beispiel 3

Das Programm in diesem Beispiel gibt eine Folge von zehn Quadratzahlen aus. Der Computer rechnet den Ausdruck `x*x` in `print x*x` bei jeder Wiederholung der Schleife neu aus. Der Wert der Variable x wird danach mit `x += 1` jedes Mal um 1 vergrößert.

```
def schreib_quadrate(x):
    repeat 10:
        print x*x,
        x += 1

schreib_quadrate(3)
```

9 Ändere das Programm im Beispiel so ab, dass es die Kubikzahlen $x^3 = x \cdot x \cdot x$ ausgibt.

10 Erweitere den Befehl `schreib_quadrate(`**x**`)` im Beispiel mit einem zweiten Parameter **anzahl**. Mit dem Parameter **anzahl** kannst du steuern, wie viele Quadratzahlen der Computer ausgeben soll. Lass dir damit alle Quadratzahlen im Bereich 100 bis 999 ausgeben.

11 Einer alten Legende nach hatte der Erfinder des Schachs beim König einen Wunsch frei. Er wünschte sich, dass ihm der König auf das erste Feld im Schachbrett ein Reiskorn legt. Auf dem zweiten Feld sollen zwei Reiskörner sein, auf dem dritten Feld vier, dann acht usw. Auf jedem Feld sollen doppelt so viele Reiskörner sein wie auf dem vorhergehenden Feld.
Wie viele Reiskörner sind dann auf dem letzten Feld? Schreibe ein Programm, das mit einem Reiskorn beginnt und die Anzahl der Reiskörner dann 63-mal verdoppelt. Wie groß wird diese Zahl?

Was du gelernt hast

Variablen sind Speicherplätze mit einem Namen. Jede Variable hat immer genau einen Wert. Du kannst diesen Wert während der Ausführung des Programms ändern und einen neuen Wert für die Variable abspeichern. Dabei geht der alte Wert verloren.

Variablen-Werte übertragen

Was passiert eigentlich, wenn ein Programm den Wert einer Variable als Parameter an ein Unterprogramm übergibt? Kann das Unterprogramm den Wert einer Variable im Hauptprogramm ändern? Dürfen die Variablen von verschiedenen Befehlen den gleichen Namen haben?

Werte übertragen

Wenn du einen Befehl mit einem Parameter aufrufst, dann gibst du an, welchen Wert der Computer für den Parameter in die Tabelle eintragen soll. Wenn ein Hauptprogramm den Wert einer Variable an ein Unterprogramm übergibt, wird dieser Wert in die Tabelle des Unterprogramms eingetragen. Das Programm schickt also nicht eine Variable mit. Es gibt dem Unterprogramm nur den aktuellen Wert der Variable weiter.

Beispiel 4

Wir wollen ein Quadratmuster wie in der Abbildung links zeichnen. Das Muster besteht aus 50 Quadraten, jeweils mit um 3 wachsender Seitenlänge. Für das Zeichnen eines Quadrats definieren wir den Befehl `quadrat(seite)`. Diesen Befehl rufen wir in einer Schleife 50-mal auf. Die Seitenlänge des Quadrats wird dabei immer um 3 größer. Die Startlänge des kleinsten Quadrats sollte frei wählbar sein und wir nennen die entsprechende Variable laenge.

```
from gturtle import *

def quadrat(seite):
    repeat 4:
        forward(seite)
        right(90)

def quadratmuster(laenge):
    repeat 50:
        quadrat(laenge)
        laenge += 3

makeTurtle()
quadratmuster(30)
```

Stelle A → (vor `quadrat(laenge)`)
Stelle B → (vor `laenge += 3`)

Tabelle für `quadrat`	
seite	30

Tabelle für `quadratmuster`	
laenge	30

Mit dem Aufruf `quadratmuster(30)` wird in die Tabelle für `quadratmuster` der Wert 30 für die Variable laenge geschrieben. Bei der Ausführung der Zeile `quadrat(laenge)` wird der Wert 30 von laenge an die Variable seite übergeben und somit wird 30 auch in der Tabelle für `quadrat` abgespeichert.

Nach dem Zeichnen des Quadrats 30 × 30 wird mit der Anweisung `laenge += 3` **der Wert von laenge auf 33 gesetzt und somit in der Tabelle für** `quadratmuster` **so abgespeichert. Der Wert von seite ist 30 und bleibt vorläufig unverändert. Erst bei der erneuten Ausführung von** `quadrat(laenge)` **wird der Wert von seite auch auf 33 gesetzt und somit ein Quadrat von 33 × 33 gezeichnet. Wir schauen uns die Werte von seite und laenge in den ersten fünf Durchläufen der Schleife** `repeat 50` **an. Dafür bestimmen wir für jeden Durchlauf zwei Stellen, an denen wir die Variablen-Werte anschauen: einmal zwischen Zeile 9 und Zeile 10 (Stelle A) und einmal zwischen Zeile 10 und Zeile 11 (Stelle B). Für den Aufruf von** `quadratmuster(30)` **erhält man folgende Zeit-Tabellen:**

Zeit-Tabelle für `quadratmuster`										
i-ter Durchlauf der Schleife	1		2		3		4		5	
Stelle	A	B	A	B	A	B	A	B	A	B
laenge	30	30	33	33	36	36	39	39	42	42

Zeit-Tabelle für `quadrat`										
i-ter Durchlauf der Schleife	1		2		3		4		5	
Stelle	A	B	A	B	A	B	A	B	A	B
seite		30	30	33	33	36	36	39	39	42

Beachte, dass es in der Zeit-Tabelle für `quadrat` **ein leeres Feld gibt, nämlich das zum Beobachtungszeitpunkt A während des ersten Durchlaufs. Zu diesem Zeitpunkt wurde** `quadrat(laenge)` **noch nicht ausgeführt und seite hat entsprechend noch keinen Wert zugewiesen bekommen. Erst die Ausführung von** `quadrat(laenge)` **in Zeile 10 überträgt den Wert von laenge an die Variable seite.**
Mit `laenge += 3` **in Zeile 11 wächst der Wert von laenge, aber der Wert von seite bleibt unverändert. Erst die nächste Ausführung von** `quadrat(laenge)` **in Zeile 10 überträgt den Wert von laenge wieder an die Variable seite.**

12 Zeichne ein Dreiecksmuster wie in der Abbildung unten. Das größte Dreieck hat eine Seitenlänge von 256. Bei jedem weiteren Dreieck halbiert sich die Seitenlänge.

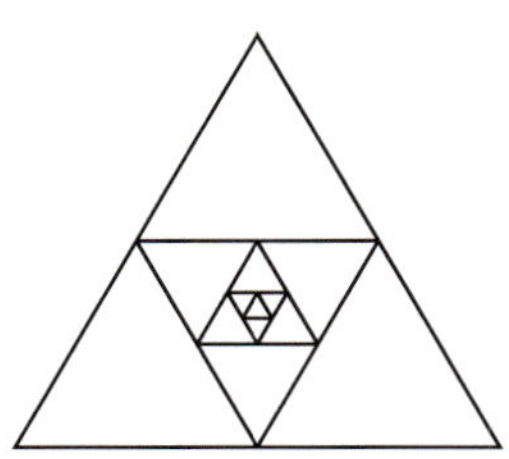

Einblick in die Computer-Technologie

Speicher

Als die ersten Computer gebaut wurden, war es noch nicht möglich, beim Programmieren beliebige Variablen zu verwenden. Stattdessen gab es eine feste Anzahl an Speicherplätzen, die durchnummeriert wurden. Die Variablen hießen also zum Beispiel s0, s1, s2, s3 usw. Die Programmierer mussten sich also gut merken oder aufschreiben, welche Variable in ihrem Programm welche Bedeutung hatte. Besonders große und gute Computer hatten mehrere Tausend Speicherplätze. Da konnte die Programmierung schnell sehr anspruchsvoll werden.

Bei diesen frühen Computern hießen die Basiseinheiten der Speicherplätze Register. Jedes Register speicherte eine einfache Zahl. Standard waren damals Register, die genau ein Byte groß waren. Ein Byte umfasst acht Bits und jedes Bit ist entweder eine Null oder eine Eins. Die Register konnten damit eine Zahl zwischen 0 und 255 speichern.

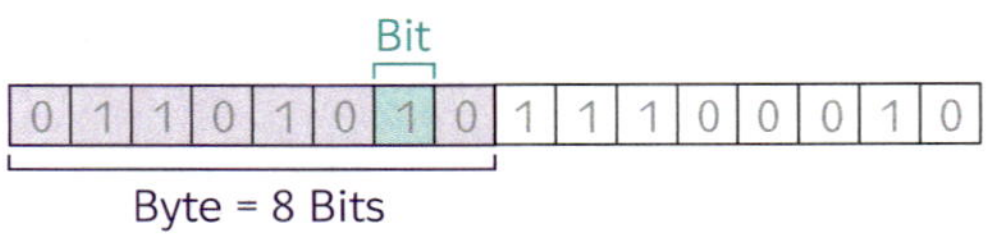

Noch heute messen wir die Größe des Computerspeichers in Bytes. Tausend Bytes zusammen ergeben ein Kilobyte, eine Million Bytes sind ein Megabyte und eine Milliarde Bytes entsprechen einem Gigabyte. Ein modernes Smartphone mit 16 Gigabyte Speicher hätte Platz für 16 Milliarden Register.

Inzwischen ist der Speicher von Computern nicht mehr in feste Register aufgeteilt. Die Zahlen dürfen beliebig groß werden. Vor allem kannst du jeder Variable einen eigenen Namen geben. Noch immer gilt, dass jede Variable und jeder Wert ein Stück des Speichers verwendet. Eine Farbe braucht zum Beispiel 4 Bytes im Speicher. Wenn das Bild, das die Turtle zeichnet, 800 × 600 Pixel groß ist, dann sind das bereits 1 920 000 Bytes, also fast 2 Megabyte. Wenn wir noch immer mit den Registern der ersten Computer arbeiten müssten, dann bräuchte ein einfaches Turtle-Programm bereits zwei Millionen Register. Könntest du da ohne Variablen die Übersicht behalten?

Der Teil des Computers, der rechnet, die Variablen-Werte ändert und die Programme ausführt, heißt Prozessor. Weil sich der Prozessor aber nur ein Dutzend Werte gleichzeitig merken kann, verwendet der Computer einen zusätzlichen Speicher mit Platz für Milliarden von Werten. Angelehnt ans Englische wird der Prozessor oft als CPU (Central Processing Unit) und der Speicher als Memory bezeichnet.

Namen von Variablen

Du weißt, dass jeder Befehl seine eigene Variablen-Tabelle hat. Das Unterprogramm in einem Befehl kann die Variablen-Werte nur dann lesen und verändern, wenn die Tabelle des Befehls einen Speicherplatz für die entsprechende Variable enthält.
Idealerweise trägt jede Variable einen eindeutigen Namen. Wenn zwei Variablen in zwei unterschiedlichen Befehlen gleich heißen, haben sie für den Computer trotzdem nichts miteinander zu tun. Sie existieren in zwei unterschiedlichen Tabellen.
Mit folgendem Vergleich und einem Beispiel wird dies klarer:
Stell dir vor, zwei Familien hätten je eine Katze. Beide Katzen heißen Garfield und leben den ganzen Tag in der Wohnung. Obwohl die beiden Katzen gleich heißen, so sind es doch verschiedene Tiere und haben nichts miteinander zu tun. Jede Familie ist auch nur für ihre eigene Katze zuständig und füttert nur ihren eigenen Garfield. Genauso gehört auch jede Variable nur zu einem Befehl.

Beispiel 5

Das folgende Programm zeichnet eine Figur aus vier Spiralen (siehe Abbildung links). In den beiden Befehlen `spirale(seite)` und `vier_spiralen(seite)` haben die Variablen den gleichen Namen. Jeder Befehl hat damit seine eigene Variable seite. Mit diesem Programm möchten wir dir zeigen, dass die beiden Variablen seite und seite für den Computer völlig verschieden sind.

```
from gturtle import *

def spirale(seite):
    repeat 12:
        forward(seite)
        right(90)
        seite -= 5
        print "spirale:", seite
    penUp()
    left(90)
    forward(30)
    right(90)
    back(30)
    penDown()

def vier_spiralen(seite):
    repeat 4:
        spirale(seite)
        print "vier_spiralen:", seite
        left(90)

makeTurtle()
vier_spiralen(100)
```

Tabelle für `spirale`	
seite	100

Tabelle für `vier_spiralen`	
seite	100

In `vier_spiralen` hat **seite** den Wert 100. Deshalb sagt es beim Aufruf an `spirale`: „Setze deinen Parameter **seite** auf den Wert 100."

Was passiert nun, wenn das Programm in `vier_spiralen` den Wert des Parameters seite an das Unterprogramm `spirale` übergibt? Das Programm `vier_spiralen` sagt dem Unterprogramm `spirale`, es soll seine Variable seite auf den gleichen Wert setzen, also 100. Der Computer kopiert also den Zahlenwert 100 des Parameters seite des Befehls `vier_spiralen` in die Variable seite des Befehls `spirale`. Weil die beiden Befehle `spirale` und `vier_spiralen` unterschiedliche Variablen-Tabellen haben, erstellen wir auch verschiedene Zeit-Tabellen.

Tabelle für `vier_spiralen`				
i-ter Durchlauf der Schleife	1	2	3	4
seite	100	100	100	100

Zeit-Tabelle für `spirale` beim 1. Durchlauf von `vier_spiralen`							
i-ter Durchlauf der Schleife	1	2	3	...	10	11	12
seite	100	95	90	...	55	50	45

Zeit-Tabelle für `spirale` beim 2. Durchlauf von `vier_spiralen`							
i-ter Durchlauf der Schleife	1	2	3	...	10	11	12
seite	100	95	90	...	55	50	45

Zeit-Tabelle für `spirale` beim 3. Durchlauf von `vier_spiralen`							
i-ter Durchlauf der Schleife	1	2	3	...	10	11	12
seite	100	95	90	...	55	50	45

Zeit-Tabelle für `spirale` beim 4. Durchlauf von `vier_spiralen`							
i-ter Durchlauf der Schleife	1	2	3	...	10	11	12
seite	100	95	90	...	55	50	45

Führe das Programm mit dem Computer aus. Dank der `print`-Anweisungen kannst du beobachten, wie sich die beiden Variablen seite von `spirale` und seite von `vier_spiralen` entwickeln. Selbst dort, wo `spirale` den Wert seiner Variable seite ändert, hat das keinen Einfluss auf den Wert von seite in `vier_spiralen`.

Auch wenn die Variablen in jedem Befehl wieder gleich heißen dürfen, so ist es doch eine gute Idee, unterschiedliche Namen für alle Parameter und Variablen im ganzen Programm zu verwenden.

13 Ändere den Namen des Parameters **seite** im Befehl `vier_spiralen` zu **grundseite** ab. Ändert sich dadurch etwas an der Ausführung des Programms? Warum musst du in Zeile 18 `spirale(seite)` auch zu `spirale(grundseite)` ändern? Würde das Programm auch funktionieren, wenn du dort `spirale(seite)` lässt? Begründe deine Antwort.

14 Wie sehen die Zeit-Tabellen in Beispiel 5 aus, wenn du in Zeile 20 den Befehl `seite += 20` einfügst? Zeichne die Tabellen.

Einblick in die Computer-Technologie

Elemente eines Computers
Der Computer besteht immer aus drei wichtigen Teilen: dem Prozessor zum Rechnen, dem Speicher als Gedächtnis und einer Verbindung zur Außenwelt. Das Kernstück des Computers ist sein **Prozessor**. Der Prozessor kann schnell rechnen und Entscheidungen treffen, hat aber ein sehr kurzes Gedächtnis. Er kann sich jeweils nur einige wenige Zahlenwerte und eine einzige Zeile des Programms merken.

Damit der Prozessor ein Programm ausführen kann, braucht er den **Speicher**. Von dort holt er sich jede Zeile des Programms einzeln, um sie auszuführen. Auch die Tabellen mit den Variablen liegen im Speicher. Wenn der Prozessor zum Rechnen den Wert einer Variable benötigt, dann schaut er den Wert in der Tabelle im Speicher nach.

Schließlich braucht der Prozessor auch eine **Verbindung zur Außenwelt**. Mithilfe seiner Grafikkarte zeichnet der Prozessor Punkte, Linien und Buchstaben auf den Bildschirm und gibt dir so die Informationen aus. Du kannst über die Tastatur und die Maus mit dem Computer kommunizieren.

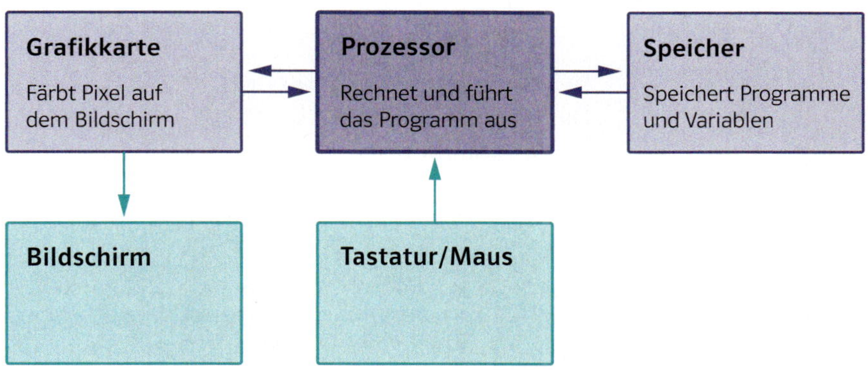

Was du gelernt hast

Jeder Befehl hat seine eigene Tabelle mit Variablen. Die Variablen von verschiedenen Befehlen haben auch dann nichts miteinander zu tun, wenn sie gleich heißen. Beim Aufruf eines Befehls übergibt ein Programm nie die Variable an den Befehl, sondern sagt dem Befehl, auf welchen Wert er seinen Parameter setzen soll.

Mit mehreren Variablen arbeiten

In einem Befehl darfst du mehr als eine Variable verwenden. Außerdem kannst du im Körper des Befehls neue Variablen hinzufügen. Dies ist vor allem bei Berechnungen nützlich. Wie das geht, lernst du in diesem Abschnitt.

Beispiel 6

Das Programm in diesem Beispiel zeichnet zwölf Rechtecke. Wir arbeiten hier mit zwei Variablen. Du siehst, wie wir das im Befehl `rechtecke(seite_a, seite_b)` gemacht haben. Bei jeder Wiederholung wird zuerst ein Rechteck gezeichnet. Dann erhöht der Computer den Wert der Variable seite_a um 5 und zieht vom Wert der Variable seite_b 5 ab.

```
from gturtle import *

def rechteck(a, b):
    repeat 2:
        forward(a)
        right(90)
        forward(b)
        right(90)

def rechtecke(seite_a, seite_b):
    repeat 12:
        rechteck(seite_a, seite_b)
        seite_a += 5
        seite_b -= 5

makeTurtle()
hideTurtle()
rechtecke(20, 80)
```

15 Definiere einen Befehl `zweifarb_linie(hell, dunkel)`, der eine Linie mit zwei Farben zeichnet, zum Beispiel hell- und dunkelblau.
Mit dem Aufruf `zweifarb_linie(30, 20)` zeichnet die Turtle eine Linie, die insgesamt 50 Schritte lang ist. Die ersten 30 Schritte sind hellblau, die restlichen 20 Schritte sind dunkelblau. Danach geht die Turtle wieder an ihre Anfangsposition zurück.
Verwende den Befehl `zweifarb_linie(hell, dunkel)`, um den Stern in der Abbildung mit 36 Strahlen zu zeichnen. Bei jedem Strahl wird das hellblaue Stück ein wenig länger und das dunkelblaue Stück ein wenig kürzer, sodass alle Strahlen immer genau 50 lang sind.

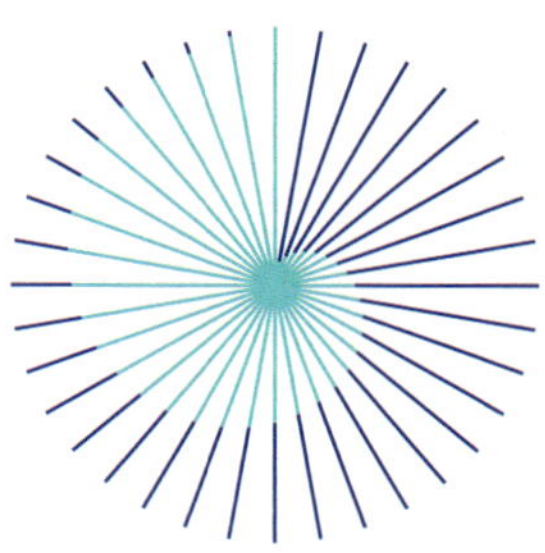

Den Zuwachs ändern

Mit `variable += zahl` erhöhst du den Wert der Variable um einen festen angegebenen Zahlenwert. Was ist aber, wenn du die Variable in jedem Schritt um ein klein wenig mehr erhöhen möchtest? Dann brauchst du zwei Variablen, die du beide in jedem Schritt veränderst. Den Wert der ersten Variable vergrößerst du immer um einen festen Wert. Den Wert der zweiten Variable vergrößerst du jeweils um den aktuellen Wert der ersten Variable.

Beispiel 7

Das Programm in diesem Beispiel zeichnet eine Spirale. Dafür muss die Seite bei jedem Schritt ein Stückchen länger werden. Was jetzt neu ist: Wir machen die Differenz, die wir zur Seite dazuzählen, auch immer größer.
Du siehst in der Zeit-Tabelle, wie die Variable seite wächst. Für die Zeit-Tabelle haben wir die Variablen-Werte am Ende von Zeile 7 dokumentiert.

```
1  from gturtle import *
2  
3  def spirale(n, seite, differenz):
4      repeat n:
5          forward(seite)
6          right(60)
7          seite += differenz
8          differenz += 1
9  
10 makeTurtle()
11 spirale(20, 10, 1)
```

Zeit-Tabelle von `spirale`						
i-ter Durchlauf der Schleife	1	2	3	4	...	20
n	20	20	20	20	20	20
seite	10	11	13	16	...	210
differenz	1	2	3	4	...	20

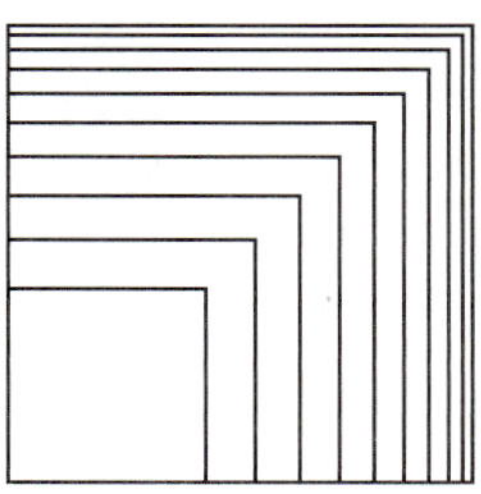

16 Entwickle ein Programm, das Quadrate zeichnet, die immer größer werden (siehe Abbildung links). Das erste Quadrat hat eine Seitenlänge von 40. Das zweite Quadrat hat eine Seitenlänge von 50, das dritte eine Seitenlänge von 59, das vierte 67, das fünfte 74. Das zehnte und größte Quadrat hat dann eine Seitenlänge von 94.

17 Entwickle ein Programm, das der Reihe nach Zahlen ausgibt. Die erste Zahl ist 1. Die zweite Zahl ist um 3 größer, die dritte Zahl ist um 5 größer als die zweite, die vierte Zahl ist um 7 größer als die dritte usw.

Neue Konzepte und Befehle

variable = wert
Diese Zuweisung nennt einen Variablennamen innerhalb des Körpers eines Programms und weist ihm einen Wert zu. Bei der Verwendung von `variable = wert` musst du den Namen der Variable nicht im Voraus in den Klammern der Anweisung **`def`** eingeben. Wenn du innerhalb eines Programms einer Variable einen Wert zuweist, betrachtet der Computer diese Variable automatisch als eine Variable des Programms und fügt sie in die Tabelle für das Programm ein.

Beispiel 8

Anstelle eines Wertes kannst du einer Variable auch einen arithmetischen Ausdruck zuweisen, zum Beispiel `summe = x + y`. Studiere das Programm und die Entwicklung der Tabelle während der Ausführung des Programms.

```
def rechne(x, y):
    summe = x + y
    print summe
rechne(3, 11)
```

Tabelle für `rechne`	
x	3
y	11

wird zu

Tabelle für `rechne`	
x	3
y	11
summe	14

18 Entwickle einen Befehl, der eine neue Variable **resultat** anlegt. Der Wert von **resultat** wird aus dem Wert des Parameters über $2x^2 - 3x + 1$ berechnet. Anschließend gibt der Befehl den Wert der Variable **resultat** mit `print` aus.

Beispiel 9

Unten stehendes Programm rechnet die Summe aller natürlichen Zahlen von 1 bis 100 aus. Dazu brauchen wir die Variable summe und eine zusätzliche Variable x. Die Variable x geht der Reihe nach alle Zahlen 1, 2, 3, 4 ... durch. Studiere das Programm und die Zeit-Tabelle und versuche nachzuvollziehen, was das Programm macht. Die Variablen-Werte haben wir für die Zeit-Tabelle zwischen Zeile 3 und Zeile 4 beobachtet.

```
1  summe = 0
2  x = 1
3  repeat 100:
4      summe += x
5      x += 1
6  print summe
```

Zeit-Tabelle							
i-ter Durchlauf der Schleife	1	2	3	4	5	6	…
summe	0	1	3	6	10	15	…
x	1	2	3	4	5	6	…

Beispiel 10

Wie viel ergibt sich, wenn du die ersten zehn Quadratzahlen zusammenzählst? Auch dafür haben wir ein Programm geschrieben. Zur Variable summe rechnen wir jetzt nicht mehr das x dazu, sondern wir berechnen aus dem x zuerst die Quadratzahl. Beachte den Unterschied zu Beispiel 9:

```
summe = 0
x = 1
repeat 10:
    quadratzahl = x*x
    summe += quadratzahl
    x += 1
print summe
```

19 Schreibe ein Programm, das die Summe der ersten 10 Kubikzahlen $x^3 = x \cdot x \cdot x$ ausrechnet, also 1 + 8 + 27 + … + 1000. Achte darauf, dass dir das Programm die richtige Lösung 3025 ausgibt.

20 In Aufgabe 11 hast du ausgerechnet, wie viele Reiskörner auf dem letzten Feld des Schachbretts liegen, wenn du die Anzahl Reiskörner für jedes Feld verdoppelst. Aber wie viele Reiskörner sind es insgesamt? Schreibe ein Programm, das dir ausrechnet, wie viele Reiskörner insgesamt auf den 64 Feldern des Schachbretts liegen.

21 Welche neun Zahlen schreibt das folgende Programm auf den Bildschirm? Überlege dir die Antwort zuerst, ohne dass du das Programm mit dem Computer ausführst.

```
x = 1
zahl = 0
repeat 9:
    zahl *= 10
    zahl += x
    print zahl,
```

Was du gelernt hast

Ein Programm oder ein Befehl darf auch mehrere Variablen enthalten, deren Werte sich während der Ausführung des Programms verändern. Sogar der Zuwachs in `variable += zuwachs` darf eine Variable sein, deren Wert sich ändert. So kannst du besonders gut Summen berechnen. Den Wert einer Variable kannst du mit einer Zuweisung `variable = wert` direkt festlegen. Der Name der Variable steht auch da immer links.

Zusammenfassung

Variablen heißen so, weil sich ihre Werte während der Programmausführung verändern (variieren) dürfen. Variablen, deren Werte am Anfang des Programms festgelegt werden und sich nicht mehr ändern, heißen **Parameter**. Mit Anweisungen wie `x += zahl`, `x -= zahl`, `x *= zahl` und `x /= zahl` kannst du den Wert der Variable **x** ändern.
Bei jeder Ausführung des Programms legt der Computer eine Tabelle an, in der für jede Variable steht, welchen Wert sie gerade hat. Wenn eine Variable noch nicht in der Tabelle vorhanden ist, so wird mit dem Befehl `x = zahl` in dieser Tabelle eine neue Variable **x** mit dem Wert „zahl“ hinzugefügt. Falls die Variable in der Tabelle bereits existiert, dann wird der Wert der Variable verändert und auf „zahl“ gesetzt.
Mit `x += zahl` kannst du den Wert der Variable **x** erhöhen.
Wenn du als Dokumentation die Zeit-Tabelle mit den Variablen zeichnest, dann schreibst du alle Werte auf, die eine Variable im Laufe der Ausführung eines Programms hat. Beim Computer ist das nicht so: Er hat in jedem Augenblick für jede Variable immer nur genau einen Zahlenwert. Der Computer erinnert sich nicht daran, welchen Wert eine Variable früher einmal hatte.
Variablen brauchst du oft, um Summen zu berechnen. Dazu erstellst du zuerst eine neue Variable für die Summe mit dem Wert 0. Danach zählst du einen Summanden nach dem anderen mit `summe += zahl` in einer `repeat`-Schleife zusammen.

Teste dich selbst

Konzepte und Befehle

1 Was ermöglichen Variablen, was du mit Parametern alleine nicht kannst?
2 Warum heißen Variablen „Variablen“?
3 Was ist der Unterschied zwischen einer Variable und einem Parameter?
4 Woher weiß der Computer, welchen Wert eine Variable hat? Wie kann sich der Computer die Werte aller Variablen merken?
5 Wie viele Werte kann eine Tabelle im Computer für eine einzelne Variable enthalten? Gibt es Fälle, in denen die Tabelle für eine Variable gleichzeitig zwei verschiedene Werte enthält?
6 Mit welchem Befehl kannst du den Wert einer Variable um eine feste Zahl erhöhen?
7 Mit welchen zwei Befehlen kannst du den Wert einer Variable verdoppeln?

Aufgaben

1 Lass dir vom Computer je eine Liste mit den Quadratzahlen und eine Liste mit den Kubikzahlen ausgeben. Beide Listen sollen bei 1 beginnen und 20 Zahlen enthalten.

2 Entwickle ein Programm, das einen Turm aus zehn Quadraten zeichnet. Das erste Quadrat hat eine Seitenlänge von 128. Das zweite Quadrat hat eine Seitenlänge von 64. Das dritte Quadrat hat noch eine Seitenlänge von 32. So halbieren sich die Quadratseiten immer.

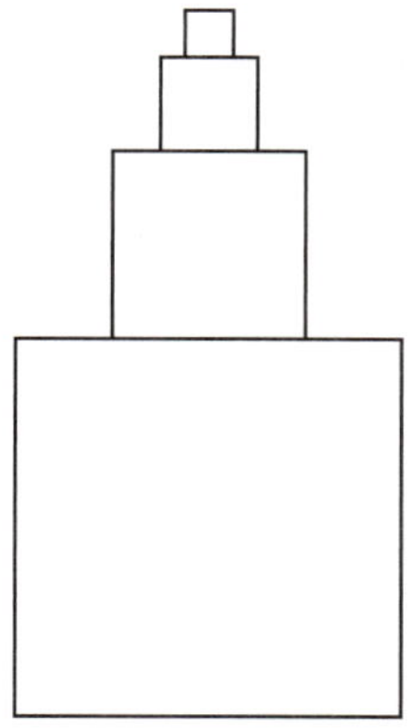

3 Schreibe ein Programm, das die Figur aus der Abbildung zeichnet. Die Seite jedes Dreiecks ist halb so lang wie die Seite des nächstgrößeren Dreiecks. Das größte Dreieck hat eine Seitenlänge von 256.

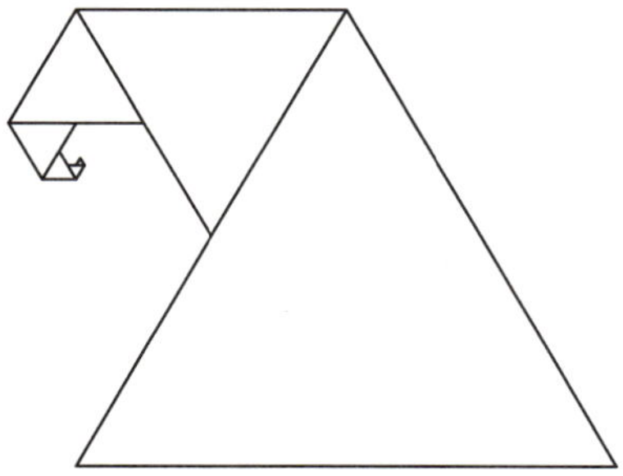

4 **Projektaufgabe:** Berechne die Summe 32 + 16 + 8 + 4 + 2 + 1 + 0,5 + 0,25. Entwickle ein Programm, das die Summe dieser Zahlen berechnet. Du startest mit 32 und halbierst dann immer die nächste Zahl, die du zur Summe dazuzählst. Was passiert, wenn du das Programm nicht nach acht Schritten abbrichst, sondern erst nach 10, 20, 40 oder 80? Kannst du eine gute obere Grenze für diese Summe angeben?

6 Verzweigungen und bedingte Schleifen

Die bisherigen Programme waren immer Beschreibungen einer konkreten Tätigkeit. Durch das Einsetzen von verschiedenen Werten für die Parameter konntest du eine gewisse Vielfalt wie zum Beispiel die Größe oder die Form von geometrischen Objekten erreichen. Du hast mit dem Programm dem Computer immer genau eine Tätigkeit vorgegeben und er hat diese ausgeführt. Aber es war nicht so, dass der Computer anhand der Parameterwerte oder der ausgerechneten Variablen-Werte entscheiden konnte, welche Tätigkeit er ausüben soll.
Im realen Leben treffen wir aber ständig **Entscheidungen**. Wenn es draußen regnet, ziehst du die Regenjacke an – andernfalls nicht. Wenn du in der letzten Prüfung eine schlechte Note hattest, lernst du vielleicht viel für die nächste – andernfalls nimmst du es locker. Und wenn du einen Roboter zum Putzen baust, soll er sich auf die verschmutzten Stellen fokussieren, statt ständig saubere Stellen zu reinigen.

Informatik hat den Anspruch, menschliche Tätigkeiten zu automatisieren. Für Menschen ist es sinnvoll und nützlich, vor der Ausübung einer Tätigkeit zu entscheiden, ob die Tätigkeit in der aktuellen Situation angebracht ist. Menschen fällen also häufig Entscheidungen, bevor sie eine Tätigkeit ausüben. Folglich müssen wir die Möglichkeit, Entscheidungen zu treffen, in die Programmiersprachen einbauen.

In diesem Kapitel lernst du, deine Programme so zu schreiben, dass sie Entscheidungen treffen können. Je nachdem, welche Werte die Variablen haben, führt der Computer andere Tätigkeiten aus.

Werte bei der Ausführung eingeben

Du weißt bereits, wie du einen Befehl `vieleck(n, seite)` schreibst, um jedes regelmäßige Vieleck zu zeichnen. Statt den Befehl `vieleck` mit konkreten Zahlenwerten aufzurufen, gibst du nun die Zahlenwerte für **n** und **seite** erst ein, wenn das Programm bereits läuft und die Werte braucht. Das machst du mit dem Befehl **variable** `= input("Frage")`.

Beispiel 1

In diesem Beispiel zeichnet das Programm drei Vielecke. Wie viele Ecken die Vielecke haben, steht nirgends im Programm. Auch die Seitenlängen sind nicht angegeben. Wenn du das Programm ausführst, dann fordert es dich auf, die Anzahl der Seiten und den Umfang der Figur anzugeben, wenn es das nächste Vieleck zeichnen soll. Das geschieht dank der `input`-Befehle.

```
from gturtle import *

def vieleck(n, seite):
    repeat n:
        forward(seite)
        right(360 / n)

def zeichne_vieleck():
    anzahl = input("Wie viele Seiten möchtest du?")
    umfang = input("Wie lang soll der Umfang sein?")
    vieleck(anzahl, umfang / anzahl)

makeTurtle()
zeichne_vieleck()
zeichne_vieleck()
zeichne_vieleck()
```

Hier fragt dich der Computer nach einer Zahl. Die Zahl setzt der Computer dann für die Variable **anzahl** ein.

Neue Konzepte und Befehle

- `x = input("Frage")`
  Wenn du einer Variable `input("Frage")` zuweist, dann fragt der Computer nach dem Wert für die Variable, sobald er die Zeile ausführt. Dazu zeigt der Computer ein kleines Fenster an und schreibt die Frage hinein. Du gibst dann den Wert der Variable ein. Für den Computer spielt es keine Rolle, ob du direkt im Programm den Wert mit `anzahl = 5` angibst oder ob du `anzahl = input("Wie viele Seiten möchtest du?")` schreibst und in das Frage-Fenster 5 eingibst. In beiden Fällen hat die Variable **anzahl** den Wert 5.

Beispiel 2

Anstelle von Zahlen kannst du auch einen Namen oder ein Wort eingeben. In diesem Beispiel fragt der Computer, wie du heißt, und speichert die Antwort in der Variable name. Danach begrüßt er dich persönlich.

```
name = input("Wie ist dein Name?")
print "Hallo", name
```

1 Entwickle ein Programm, das dich fragt, wie viele Häuser du möchtest. Wenn du eine Zahl eingegeben hast, dann zeichnet das Programm nebeneinander so viele Häuser, wie du angegeben hast. Bei jedem Haus fragt der Computer, wie lang die Grundseite des Hauses sein soll.

2 Entwickle ein Programm, das dich auffordert, ein Wort einzugeben. Das Programm schreibt dann das Wort 100-mal ins Ausgabe-Fenster. In jeder Zeile steht das Wort 10-mal und insgesamt sind es dann 10 Zeilen.

Was du gelernt hast

Du kannst den Wert einer Variable nicht nur direkt beim Schreiben des Programms angeben. Mit `input("Frage")` kannst du dem Computer sagen, dass du den Wert für eine Variable erst eingibst, wenn das Programm bereits läuft und die Zeile mit `input("Frage")` ausführt.

Befehl ausführen, wenn ...

Du hast gelernt, wie du in einem Programm deinen Namen eingeben kannst. Der Computer soll dich aber auch am Namen erkennen und darauf reagieren. Dazu brauchst du die `if`-Anweisung. Die `if`-Anweisung prüft, ob eine Bedingung erfüllt ist. „if" ist das englische Wort für „wenn".

Beispiel 3

Lisa hat ihren Computer so programmiert, dass er sie erkennt und begrüßt, wenn sie sich als Lisa vorstellt. Alle anderen Personen gehen leer aus. Wie funktioniert das? Bei `if` prüft der Computer die Bedingung, ob der Wert der Variable name gleich „Lisa" ist. Nur wenn das der Fall ist, führt er den eingerückten Code darunter aus und schreibt die Begrüßung hin.

```
name = input("Wie ist dein Name?")
if name == "Lisa":
    print "Hallo Lisa!"
    print "Schön, dass du da bist."
```

Probiere das Beispiel nicht nur aus, sondern schreibe dein eigenes Begrüßungsprogramm. Beachte, dass es im Vergleich nach `if` zwingend ein doppeltes Gleichheitszeichen braucht.

Neben Lisa verwendet auch ihr Bruder Frederick den Computer. Das Programm soll also nicht nur Lisa, sondern auch Frederick begrüßen. Damit sieht das Programm so aus:

```
name = input("Wie ist dein Name?")
if name == "Lisa":
    print "Hallo Lisa!"
    print "Schön, dass du da bist."
if name == "Frederick":
    print "Hallo Frederick,"
    print "Willkommen zurück!"
```

Was passiert in diesem Programm? Zuerst fragt der Computer mit `input` nach dem Namen und speichert die Antwort in der Variable name. Dann prüft er, ob der Name „Lisa" ist. Wenn das nicht der Fall ist, überspringt der Computer alles, was unter `if name == "Lisa":` eingerückt steht. Als Nächstes prüft der Computer, ob der eingegebene Name „Frederick" ist. Wenn ja, begrüßt er Frederick. Ansonsten überspringt er wieder alles, was eingerückt ist.

Neue Konzepte und Befehle

- `if` **Bedingung**`:`
  Nach `if` gibst du in der Bedingung an, was der Computer prüfen soll. Zum Beispiel prüft `if x < 5`, ob der Wert von **x** kleiner ist als 5. `if y >= 7` prüft, ob der Wert von **y** größer oder gleich 7 ist. Nach der Bedingung steht immer ein Doppelpunkt. Darunter steht eingerückt, was der Computer tun soll, wenn die Bedingung erfüllt ist. Wenn die Bedingung nicht erfüllt ist, dann überspringt der Computer alle eingerückten Zeilen.
- `if` **Variable** `== Wert:`
  Wenn du in einem Vergleich prüfen möchtest, ob eine Variable einen bestimmten Wert hat, musst du ein doppeltes Gleichheitszeichen verwenden. Wenn der Wert ein Text ist, dann muss der Text in Anführungszeichen stehen. Wenn der Wert eine Zahl ist, dürfen keine Anführungszeichen stehen.
- `if` **Variable** `!= Wert:`
  Wenn du prüfen möchtest, ob der Wert einer Variable von einem Wert verschieden ist, dann verwendest du statt == die zwei Zeichen !=. Sie stehen für „ungleich".

3 Entwickle ein Programm, das dich zuerst fragt, wie es dir geht. Wenn du „gut" eingibst, antwortet das Programm mit „Das freut mich". Wenn du „schlecht" eingibst, dann antwortet das Programm mit „Das tut mir leid".

4 Entwickle ein Programm, das ein farbiges Sechseck zeichnet. Am Anfang fragt dich das Programm, welche Farbe du möchtest. Du kannst „Gelb", „Rot", „Blau" oder „Grün" eingeben. Das Programm prüft dann, welche Farbe du eingegeben hast, und zeichnet das Sechseck in der gewünschten Farbe.

5 Entwickle ein Programm, das dich fragt, was es zeichnen soll. Wenn du „Baum" eingibst, zeichnet es einen Baum. Wenn du „Stern" eingibst, dann zeichnet es einen Stern.

Beispiel 4

Der Befehl `zeichne_vieleck()` in Beispiel 1 zeichnet ein beliebiges regelmäßiges Vieleck. Du kannst selbst eingeben, wie viele Ecken es haben soll. Aber es gibt keine Vielecke mit nur einer oder zwei Ecken. Deshalb haben wir das Programm so geändert, dass der Computer zuerst prüft, ob die Anzahl der Ecken überhaupt Sinn ergibt. Das Vieleck zeichnet er nur, wenn es mehr als zwei Ecken hat. Studiere das Programm. Welche Bedeutung hat `if anzahl > 2:` in Zeile 9? Vervollständige das Programm und führe es aus.

```
from gturtle import *

def zeichne_vieleck():
    anzahl = input("Wie viele Seiten möchtest du?")
    if anzahl == 1:
        print "Es gibt kein Eineck."
    if anzahl == 2:
        print "Es gibt kein Zweieck."
    if anzahl > 2:
        umfang = input("Wie lang ist der Umfang?")
        vieleck(anzahl, umfang / anzahl)

makeTurtle()
zeichne_vieleck()
```

6 Entwickle ein Programm, das einen Kreis mit einem beliebigen Umfang zeichnet. Um den Kreis möglichst schnell und möglichst gut zu zeichnen, soll dein Programm eine Unterscheidung machen: Wenn der Umfang kleiner als 720 ist, zeichnet das Programm den Kreis als 36-Eck. Wenn der Umfang 720 oder größer ist, dann zeichnet das Programm den Kreis als 360-Eck.

Beispiel 5

Lisa möchte ihr Programm aus Beispiel 3 so anpassen, dass auch etwas geschieht, wenn sich jemand anmeldet, der nicht Lisa heißt. Dazu verwendet sie den Vergleich `name != "Lisa"`.

```
name = input("Wie ist dein Name?")
if name == "Lisa":
    print "Hallo Lisa!"
    print "Schön, dass du da bist."
if name != "Lisa":
    print "Dich kenne ich nicht!"
```

7 Entwickle ein kleines Quiz-Programm. Das Programm stellt zuerst eine Frage.
Dann prüft es, ob die Antwort richtig oder falsch ist. Wenn die Antwort richtig ist, gibt das Programm „richtig“ aus, ansonsten „falsch“. Schreibe das Programm so, dass es nacheinander mindestens drei verschiedene Fragen stellt. Nach jeder Frage prüft das Programm zuerst mit `if`, ob die Antwort richtig ist. Erst danach kommt die nächste Frage.
Das Programm darf auch in einer Variable mitzählen, wie viele richtige Antworten es bisher erhalten hat.

Was du gelernt hast

Mit der `if`-Anweisung prüft der Computer, ob eine Bedingung erfüllt ist. Meistens vergleicht er dazu eine Variable mit einem Wert. Mit `x == 1` prüfst du, ob x den Wert 1 hat, und mit `x != 1` prüfst du, ob x ungleich 1 ist. Wenn die Bedingung erfüllt ist, dann führt der Computer die eingerückten Zeilen unter `if` aus. Ansonsten überspringt er alle eingerückten Zeilen.

Zwischen zwei Alternativen entscheiden

Mit der if-Anweisung sagst du dem Computer, dass er den Körper nur ausführen soll, wenn die Bedingung hinter dem if erfüllt ist. Wenn die Bedingung nicht erfüllt ist, dann überspringt der Computer den Körper der if-Anweisung. Du kannst zu einer if-Anweisung auch direkt angeben, was der Computer tun soll, wenn die Bedingung nicht erfüllt ist. Dazu verwendest du die else-Anweisung. „else" ist Englisch für „andernfalls".

Beispiel 6

Das Programm ähnelt dem in Beispiel 5. Anstatt mit `if name != "Lisa":` zu prüfen, ob der Name nicht Lisa ist, sagen wir dem Computer mit `else` direkt, was er tun soll, wenn die Bedingung `name == "Lisa"` nicht erfüllt ist.

```
name = input("Wie ist dein Name?")
if name == "Lisa":
    print "Hallo Lisa!"
    print "Schön, dass du da bist."
else:
    print "Dich kenne ich nicht!"
```

Bei einer if-else-Anweisung wählt der Computer eine von zwei Alternativen aus. Wenn die Bedingung hinter if erfüllt ist, dann führt er den Körper der if-Anweisung aus. Wenn die Bedingung nicht erfüllt ist, dann führt der Computer den Körper der else-Anweisung aus.

Neue Konzepte und Befehle

- **else:**
  Mit else gibst du nach einer if-Anweisung an, was der Computer tun soll, wenn die Bedingung der if-Anweisung nicht erfüllt ist. Der Computer führt entweder den Körper der if-Anweisung oder den Körper der else-Anweisung aus. Er führt also immer genau einen der beiden Körper aus, nie keinen und nie beide.

Bis jetzt musstest du zwei if-Anweisungen verwenden, wenn sich der Computer zwischen zwei Alternativen entscheiden sollte. Mit einem if und dem else schreibst du das übersichtlicher und gibst die Bedingung nur einmal an. Die zwei Programmausschnitte unten bewirken das Gleiche. Aber mit dem else ist klarer, dass der Computer eine der beiden Alternativen auswählt und ausführt.

```
if x > 0:
   print x, "ist positiv"
if x <= 0:
   print x, "ist nicht positiv"
```

```
if x > 0:
   print x, "ist positiv"
else:
   print x, "ist nicht positiv"
```

Beispiel 7

Wir wollen ein Programm entwickeln, das von drei Zahlen a, b und c die kleinste und die größte Zahl bestimmt und ausgibt. Dazu verwenden wir folgende Strategie: Zuerst vergleichen wir die beiden ersten Zahlen a und b. Die größere Zahl speichern wir in der Variable max, die kleinere Zahl in der Variable min.
Wenn die dritte Zahl c kleiner ist als das Minimum von a und b, dann ist c das Minimum. Wenn die dritte Zahl c größer ist als das Maximum von a und b, dann ist c das Maximum von allen drei Zahlen.
Diese Stücke setzen wir zu einem Befehl `minmax(a, b, c)` **zusammen:**

```
def minmax(a, b, c):
    if a < b:
        min = a
        max = b
    else:
        min = b
        max = a
    if c < min:
        min = c
    if c > max:
        max = c
    print min, max

minmax(5, 3, 17)
```

8 Entwickle ein Programm, das die kleinste und die größte Zahl von fünf Parametern a, b, c, d und e bestimmt und ausgibt. Überlege dir zuerst, wie du die Strategie aus dem Beispiel auf fünf Werte anwenden kannst. Probiere dein Programm dann auch mit verschiedenen Werten aus und prüfe, ob dein Programm immer die kleinste und die größte Zahl richtig ausgibt.

9 Entwickle ein Programm, das drei Werte aufsteigend sortiert und ausgibt. Das Programm bestimmt also nicht nur, welches die kleinste und welches die größte Zahl ist. Es findet auch heraus, welche Zahl in der Mitte liegt.

Was du gelernt hast

Der Computer führt den Körper der `if`-Anweisung nur aus, wenn die angegebene Bedingung erfüllt ist. Mit `else` kannst du zu einer `if`-Anweisung auch angeben, was passieren soll, wenn die Bedingung nicht erfüllt ist. Mit `if-else` kannst du somit eine von zwei alternativen Tätigkeiten zur Ausführung auswählen.

Bedingung in Schleifen

Wenn du eine `if`-Anweisung im Körper einer Schleife verwendest, dann prüft der Computer bei jeder Wiederholung der Schleife von Neuem, ob die Bedingung erfüllt ist.

Beispiel 8

Wir möchten ein Programm schreiben, bei dem die Turtle jeweils 10 Schritte geht. Bevor sie losgeht, soll sie jedes Mal mit `input()` nach dem Weg fragen. Du gibst jeweils an, ob sie nach rechts, nach links oder geradeaus gehen soll. Mit `repeat 5:` geben wir an, dass die Turtle fünfmal nach dem Weg fragen und sich dann bewegen soll.

```
from gturtle import *

makeTurtle()
hideTurtle()
repeat 5:
    weg = input("Wohin soll ich gehen (r/l/g)?")
    if weg == "r":
        right(90)
        forward(10)
    if weg == "l":
        left(90)
        forward(10)
    if weg == "g":
        forward(10)
```

10 Ergänze das Programm in Beispiel 8 so, dass sich die Turtle bei r und l nur um 45° nach rechts bzw. links dreht und dann 10 Schritte vorwärts geht.

11 Entwickle ein Programm, das sieben ausgefüllte Quadrate nebeneinander zeichnet. Jedes Quadrat hat eine Seitenlänge von 50. Bevor dein Programm jeweils ein Quadrat zeichnet, fragt es dich mit `input()`, welche Farbe das Quadrat haben soll (wie in Aufgabe 4). Verwende für dieses Programm eine Schleife nach dem gleichen Muster wie in Beispiel 8.

Beispiel 9

Die Turtle soll in diesem Programm eine bunte Linie zeichnen. Zum Zeichnen soll sie immer zwischen den drei Farben Gelb, Orange und Rot abwechseln. In jeder Wiederholung der Schleife soll der Computer die nächste Farbe verwenden.
Wie haben wir das gemacht? In jeder Wiederholung erhöhen wir den Wert der Variable farbe um 1. Wenn die Variable farbe den Wert 4 erreicht hat, dann setzen wir den Wert zurück auf 1 (Zeilen 6 bis 8). Damit durchläuft farbe die Werte 1, 2, 3, 1, 2, 3, 1, 2, 3.

```
1  from gturtle import *
2  makeTurtle()
3  setPenWidth(4)
4  farbe = 0
5  repeat 9:
6      farbe += 1
7      if farbe == 4:
8          farbe = 1
9      print farbe,
10     if farbe == 1:
11         setPenColor("yellow")
12     if farbe == 2:
13         setPenColor("orange")
14     if farbe == 3:
15         setPenColor("red")
16     forward(15)
```

12 Entwickle ein Programm, das eine Linie aus fünf Farben zeichnet: Gelb, Rot, Violett, Blau, Grün. Die Farben wechseln sich nach dem gleichen Muster ab wie im Beispiel.

13 Entwickle ein Programm, das den Wert einer Variable **x** immer verdoppelt. Am Anfang hat x den Wert 1. Sobald der Wert von x größer ist als 100, wird x zurück auf 1 gesetzt. Ansonsten wird der Wert von x verdoppelt und ausgegeben. Dein Programm schreibt also die Zahlen 1, 2, 4, 8, 16 … auf den Bildschirm. Verwende auch hier eine Schleife wie im Beispiel und lass die Schleife insgesamt 25-mal wiederholen.

14 Entwickle ein Programm, das den Wert einer Variable **x** immer mit einer Zahl **a** multipliziert. Den Wert von **a** kannst du am Anfang des Programms mit `input()` angeben. Dein Programm prüft dann, welches der kleinste Wert von **x** ist, der größer ist als 1000. Diesen Wert schreibt das Programm auf den Bildschirm. Wenn **a** gleich 2 ist, dann wäre 1024 der kleinste Wert von **x**, der größer ist als 1000.

Teiler und Primzahlen

6 ist ein Teiler der Zahl 18, weil 18 durch 6 teilbar ist. Welche anderen Teiler hat 18? Wenn du alle Teiler von 18 aufschreibst, dann hast du die Zahlen 1, 2, 3, 6, 9, 18. Es gibt auch Zahlen, die nur zwei Teiler haben. Zum Beispiel hat 17 nur die Teiler 1 und 17. Eine Zahl mit genau zwei Teilern heißt Primzahl.
Wenn die Zahlen drei- oder mehrstellig sind, wird es mühsam, von Hand alle Teiler aufzuschreiben. Deshalb verwendest du dafür besser den Computer. In diesem Abschnitt lernst du, den Computer so zu programmieren, dass er dir für jede natürliche Zahl alle Teiler auflisten kann.

Beispiel 10 A

Wie findest du alle Teiler von 12? Du probierst aus: 12 durch 1, 12 durch 2, 12 durch 3 usw. Du gehst also alle Zahlen von 1 bis 12 durch. Für jede Zahl pruefzahl prüfst du, ob sie ein Teiler von 12 ist. Wenn pruefzahl ein Teiler ist, dann ergibt die Division 12/pruefzahl eine ganze Zahl.
Python kann mit `if isInteger(12 / 5)` prüfen, ob 12 durch 5 eine ganze Zahl ergibt, das heißt, ob 5 ein Teiler von 12 ist. „Integer" ist das englische Wort für „ganze Zahl".
Führe das Programm aus und ändere es dann so ab, dass es dir alle Teiler von 15 ausgibt.

```
pruefzahl = 1
repeat 12:
    if isInteger(12 / pruefzahl):
        print pruefzahl,
    pruefzahl += 1
```

Beispiel 10 B

Wir wollen den Computer stattdessen zählen lassen, wie viele Teiler 12 insgesamt hat. Sieh dir im Beispielprogramm an, wie wir die Anzahl der Teiler zählen. Wir verwenden eine Variable anzahl. Jedes Mal, wenn 12 durch pruefzahl teilbar ist, dann erhöhen wir den Wert von anzahl um 1.
Beachte vor allem den Unterschied zwischen den Zeilen 5 und 6. Zeile 5 ist unter dem `if` eingerückt. Der Wert von anzahl wird nur erhöht, wenn die Bedingung `isInteger(12 / pruefzahl)` erfüllt ist. Zeile 6 ist nicht unter dem `if` eingerückt. Der Wert von pruefzahl wird also bei jedem Durchgang der Schleife erhöht.

```
1 pruefzahl = 1
2 anzahl = 0
3 repeat 12:
4     if isInteger(12 / pruefzahl):
5         anzahl += 1
6     pruefzahl += 1
7 print "12 hat", anzahl, "Teiler."
```

15 Entwickle einen Befehl `ist_primzahl` (**zahl**), der für eine Zahl prüft, ob sie eine Primzahl ist. Wenn ja, so gibt der Befehl „**zahl** ist eine Primzahl" aus. Wenn nicht, so gibt der Befehl „**zahl** ist keine Primzahl" aus.

16 Entwickle einen Befehl `print_primzahl` (**zahl**). Der Befehl schreibt die Zahl in das Ausgabe-Fenster, wenn es eine Primzahl ist. Wenn **zahl** keine Primzahl ist, dann schreibt der Befehl nichts.
Verwende den Befehl `print_primzahl` (**zahl**). Lass dir vom Computer alle Primzahlen im Bereich von 1 bis 99 auflisten. Welches ist die größte Primzahl, die kleiner ist als 100?

Was du gelernt hast

Du kannst die `if`-Anweisung im Körper einer Schleife verwenden. In diesem Fall prüft der Computer bei jeder Wiederholung der Schleife, ob die Bedingung erfüllt ist. Das ist besonders nützlich, wenn du eine Bedingung für alle Zahlen in einem Bereich prüfen musst.

Logische Operatoren

Mit der `if`-Anweisung prüfst du, ob eine bestimmte Bedingung erfüllt ist. Wenn die Bedingung erfüllt ist, dann führt der Computer den Körper der `if`-Anweisung aus. Manchmal möchtest du aber, dass der Computer den Körper der `if`-Anweisung ausführt, wenn die Bedingung nicht erfüllt ist. Oder du möchtest, dass der Computer den Körper nur dann ausführt, wenn zwei Bedingungen gleichzeitig erfüllt sind. Wie schreibst du das in Python?

Negation

Das Gegenteil der Behauptung „x ist unterschiedlich von 10" lautet „x ist gleich 10". Das Gegenteil der Behauptung „das Mädchen heißt Elin" ist „das Mädchen heißt nicht Elin". Das Gegenteil von „x > 10" lautet „x ≤ 10". Statt den Begriff „Gegenteil" verwenden wir das Wort „Negation". Wir sagen also: „x < 20" ist die Negation von „x ≥ 20".

17 Die Behauptung „x < 2" ist nicht die Negation von „x > 2". Erkläre, warum das so ist.

18 Notiere zu folgenden Behauptungen ihre Negation.

A x ≥ 1
B „x ist eine negative Zahl"
C „in der Variable **name** ist der Wert ‚rot' gespeichert"
D „im Auto sitzen mindestens zwei Menschen"
E „der Schrank ist leer"
F „das Programm ist falsch geschrieben"
G „die Anzahl der Jugendlichen in der Klasse ist genau 22"
H „morgen wird es in Berlin mindestens 24°C warm"

19 Verwandle die Bedingungen in den `if`-Anweisungen in ihre Negation.

A `if x >= 3:`
B `if zahl < 0:`
C `if a > b:`
D `if farbe == "rot":`

20 Üben die beiden Programme die gleiche Tätigkeit aus? Begründe deine Meinung und überprüfe sie, indem du die Programme für unterschiedliche Werte von x laufen lässt.

```
def test_1(x)
    if x == 0:
        print "x ist gleich null"
    else:
        print "x ist nicht gleich null"
```

```
def test_2(x)
    if x != 0:
        print "x ist nicht gleich null"
    else:
        print "x ist gleich null"
```

Beispiel 11

Mit `isInteger(x / 7)` prüfst du, ob die Division x / 7 eine ganze Zahl ergibt. Wenn diese Bedingung erfüllt ist, dann ist x durch 7 teilbar. Wie prüfst du, ob der Wert von x nicht durch 7 teilbar ist? Dafür kennt Python `not` – das englische Wort für „nicht“.
Das folgende Programm schreibt alle Zahlen von 1 bis 30 auf den Bildschirm, die nicht durch 7 teilbar sind. Beachte das `not` zwischen `if` und der Bedingung. Es sorgt dafür, dass der Körper der `if`-Anweisung nur ausgeführt wird, wenn die Bedingung nicht erfüllt ist.

```
x = 1
repeat 30:
    if not isInteger(x / 7):
        print x,
    x += 1
```

Neue Konzepte und Befehle

- **`if not` Bedingung:**
  Für eine Bedingung prüfst du mit `if not`, ob die Bedingung nicht erfüllt ist. Der Körper der `if not`-Anweisung wird nur ausgeführt, wenn die Bedingung nicht gilt.
  Zum Beispiel wird bei `if not x > 0:` der Körper immer dann ausgeführt, wenn **x** nicht größer als null ist.

21 Entwickle ein Programm, das alle Zahlen von 1 bis 24 auf den Bildschirm schreibt, die nicht Teiler von 24 sind.

22 Entwickle ein Programm, das alle Quadratzahlen auf den Bildschirm schreibt, die nicht größer als 100 sind.

Wahrheitstabellen

Mit „und“ und „oder“ kann man zwei Behauptungen A und B verknüpfen und so komplexe Aussagen treffen. Um alle möglichen Varianten der Verknüpfungen übersichtlich darzustellen, baut man sogenannte **Wahrheitstabellen**. Für zwei Behauptungen A und B gibt es in der Wahrheitstabelle genau 4 Möglichkeiten:

1. Beide Behauptungen A und B gelten.
2. A gilt und B gilt nicht.
3. A gilt nicht und B gilt.
4. Beide Behauptungen A und B gelten nicht.

Jede dieser vier Möglichkeiten entspricht einer Zeile in der Wahrheitstabelle:

Behauptung A	Behauptung B
gilt	gilt
gilt	gilt nicht
gilt nicht	gilt
gilt nicht	gilt nicht

Verknüpfung →

A **oder** B	A **und** B
gilt	gilt
gilt	gilt nicht
gilt	gilt nicht
gilt nicht	gilt nicht

Die erste und die zweite Spalte listen alle möglichen Kombinationen von A und B auf. Die dritte Spalte interpretiert die ersten zwei Spalten für die Bedeutung der Verknüpfung „A **oder** B“. Die Verknüpfung „A oder B“ gilt in allen Situationen, in denen mindestens eine der Behauptungen A oder B gilt. Nur wenn weder A noch B gelten (also in der letzten Zeile), gilt „A oder B“ auch nicht.
Die vierte Spalte interpretiert die ersten zwei Spalten für die Bedeutung der Verknüpfung „A **und** B“. Die Verknüpfung „A und B“ gilt nur, wenn sowohl A als auch B gilt, das heißt nur in der ersten Zeile. In allen anderen Fällen gilt „A und B“ nicht.

23 Die Aussage A lautet „$x > 3$“. Die Aussage B lautet „$x \leq 0$“.
Für welche Werte von x gilt „A oder B“? Für welche Werte von x gilt „A und B“? Bestimme jeweils die Zahlen.

Bedingungen miteinander verknüpfen

Bis jetzt hast du mit jeder `if`-Anweisung genau eine Bedingung geprüft. In einigen Fällen möchtest du aber zwei Bedingungen miteinander verknüpfen. Stell dir vor, du hast ein Quiz mit einer Frage programmiert, zu der es zwei richtige Antworten gibt. Dann soll der Computer den Körper der `if`-Anweisung ausführen, wenn die erste oder die zweite richtige Antwort gegeben wurde.

Beispiel 12

In der Schweiz gibt es Kantone statt Bundesländer. Es gibt vier Amtssprachen. Das Quiz fragt dich, in welchem Kanton Italienisch gesprochen wird.
Es gibt zwei richtige Antworten: Tessin oder Graubünden. Um dem Computer zu sagen, dass der Wert der Variable antwort Tessin oder Graubünden sein darf, verwenden wir das englische Wort für „oder“: `or`**.**

```
antwort = input("Nenne einen Schweizer Kanton" +
                "in dem man Italienisch spricht.")
if antwort == "Tessin" or antwort == "Graubünden":
    print "Richtig"
```

Kannst du auch `if antwort == "Tessin" or "Graubünden":` schreiben? Nein, das funktioniert nicht! Mit dem `or` verknüpfst du in Python immer zwei Bedingungen miteinander. `"Graubünden"` alleine ist keine Bedingung. Du kannst nicht sagen, ob `"Graubünden"` stimmt. Erst wenn du prüfst, ob die Variable **antwort** diesen Wert hat, ist es eine Bedingung.

Neue Konzepte und Befehle

- `if` **Bedingung1** `or` **Bedingung2**`:`
  Wenn du in einer `if`-Anweisung zwei Bedingungen mit `or` (oder) verknüpfst, dann führt der Computer den Körper der `if`-Anweisung aus, wenn mindestens eine der beiden Bedingungen erfüllt ist. Es dürfen auch beide Bedingungen erfüllt sein.
- `if` **Bedingung1** `and` **Bedingung2**`:`
  Wenn du in einer `if`-Anweisung zwei Bedingungen mit `and` (und) verknüpfst, dann führt der Computer den Körper der `if`-Anweisung aus, wenn beide Bedingungen erfüllt sind.
- `if` **Bedingung1** `and not` **Bedingung2**`:`
  Mit `and not` kannst du zwei Bedingungen so verknüpfen, dass der Körper der `if`-Anweisung nur dann ausgeführt wird, wenn die erste Bedingung erfüllt ist, aber nicht die zweite. Das funktioniert, weil `not` **Bedingung2** selbst auch eine Bedingung ist.

Beispiel 13

Wir definieren einen Befehl `rechteck(a, b)`, der ein Rechteck mit den Seitenlängen a und b zeichnet. Das Rechteck soll aber nur gezeichnet werden, wenn beide Seitenlängen mindestens 10 sind: Die Seite a muss mindestens 10 sein und die Seite b muss mindestens 10 sein. Ansonsten soll das Programm ausgeben, dass die Seiten zu klein sind.

```
def rechteck(a, b):
    if a >= 10 and b >= 10:
        repeat 2:
            forward(a)
            right(90)
            forward(b)
            right(90)
    else:
        print "Mindestens eine Seite ist zu kurz!"
```

24 Erweitere das Programm im Beispiel so, dass es auch ausgibt, welche Seite zu kurz ist. Wenn beide Seiten zu kurz sind, dann soll es „Beide Seiten sind zu kurz!“ ausgeben.

25 Entwickle einen Befehl `vieleck_kreis(`**anzahl_ecken, umfang**`)`, der ein Vieleck zeichnet. Damit das Vieleck aussieht wie ein Kreis, soll der Kreis nur gezeichnet werden, wenn die Anzahl der Ecken größer als 35 ist und wenn der Umfang mindestens 100 ist.

26 Entwickle ein Programm, das alle Zahlen auf den Bildschirm schreibt, die Teiler von 24 und von 54 sind. Verwende dazu eine `if`-Anweisung mit `and`.

27 Entwickle ein Programm, das alle Zahlen auf den Bildschirm schreibt, die durch 7, aber nicht durch 3 teilbar sind. Verwende dazu `and not` in der `if`-Anweisung.

28 Das harmonische Mittel von zwei Zahlen a und b ist $\frac{1}{\frac{1}{a}+\frac{1}{b}}$. Es lässt sich aber nur berechnen, wenn weder a noch b null sind. Entwickle einen Befehl, der für die Parameter **a** und **b** das harmonische Mittel ausrechnet, wenn sowohl **a** als auch **b** nicht null sind. Ansonsten gibt der Befehl aus: „Das kann man nicht berechnen.“

29 **Dennis und Maria teilen sich einen Computer und haben ein Programm geschrieben, das sie am Anfang jeweils begrüßt.**

```
name = input("Wie ist dein Name?")
if name == "Dennis" or name == "Maria":
    print "Willkommen! Schön dich zu sehen."
else:
    print "Dich kenne ich nicht!"
```

Sie möchten ihr Programm so umstellen, dass es prüft, ob der eingegebene Name weder Dennis noch Maria lautet. Das Programm führt noch immer die gleiche Tätigkeit aus. Der Computer soll aber prüfen, ob der eingegebene Name nicht Dennis ist und nicht Maria ist. Vervollständige die ganze Bedingung mit `and` im Programm.

```
name = input("Wie ist dein Name?")
if __________ and __________:
    print "Dich kenne ich nicht!"
else:
    print "Willkommen! Schön dich zu sehen."
```

Was du gelernt hast

In den `if`-Anweisungen kannst du eine oder zwei Bedingungen zu einer komplexeren Bedingung verknüpfen. Die Bedingung `A or B` ist immer dann erfüllt, wenn mindestens eine der beiden Bedingungen A oder B erfüllt ist. Hier dürfen auch beide erfüllt sein. Die Bedingung `A and B` ist immer dann erfüllt, wenn A und B beide erfüllt sind. Die Bedingung `not A` ist genau dann erfüllt, wenn die Bedingung A nicht erfüllt ist.

Schleifen abbrechen

Es kann sein, dass du beim Programmieren noch nicht weißt, wie viele Male die Schleife wiederholt werden soll. Mit einer `if`-Anweisung und einer `break`-Anweisung zusammen kannst du die Schleife abbrechen, sobald die Aufgabe erfüllt ist. Du willst zum Beispiel eine Spirale zeichnen. Die Seiten der Spirale werden immer länger. Du weißt aber noch nicht, wie viele Seiten du zeichnen musst, bis sie nicht mehr auf den Bildschirm passen. In solchen Situationen setzt du die Anzahl der Wiederholungen in der Schleife auf eine sehr große Zahl, zum Beispiel 1000. Wenn eine Seite in der Spirale zu groß wird, dann brichst du die Schleife ab. Sie hört dann auf, obwohl sie noch nicht alle 1000 Wiederholungen durchlaufen hat.

Beispiel 14

Wir wollen einen Befehl entwickeln, der eine rechteckige Spirale von innen nach außen zeichnet. Die Startlänge der Seite soll als Parameter seite frei wählbar sein. Auch die Verlängerung der Seite in jedem Schritt soll als Parameter add wählbar sein. Mit dem Parameter max_seite legen wir fest, wie lang eine Seite höchstens sein darf. Wenn die Seite der Spirale länger ist als max_seite, dann hört das Programm mit dem Zeichnen der Spirale auf. Studiere das folgende Programm:

```
from gturtle import *

def spirale(seite, add, max_seite):
    repeat 1000:
        if seite > max_seite:
            break
        forward(seite)
        right(90)
        seite += add

makeTurtle()
hideTurtle()
spirale(10, 4, 200)
```

Neue Konzepte und Befehle

- `break`
  Die Anweisung `break` sorgt in einer Schleife dafür, dass die Schleife sofort abgebrochen wird. Erstens wird die Schleife nicht mehr weiter wiederholt. Zweitens werden auch alle anderen Befehle, die zum Körper der Schleife gehören, übersprungen. Mit `break` springt der Computer direkt ans Ende der Schleife – gerade so, als hätte er bereits alle Wiederholungen der Schleife abgeschlossen.

30 Wie würde das Beispiel aussehen, wenn du die `break`-Anweisung nicht hättest? Schreibe das Programm im Beispiel so um, dass es keine `break`-Anweisung mehr enthält. Trotzdem soll das Programm die genau gleiche Schleife zeichnen. Dazu musst du vorher ausrechnen, wie oft die Schleife wiederholt werden muss.

31 Entwickle einen Befehl, der eine sechseckige Spirale von außen nach innen zeichnet. Die Startlänge der Seite und die Verkleinerung der Seite in jedem Schritt sollen als Parameter wählbar sein. Sobald die Länge der Seite kleiner als 5 ist, soll das Programm mit dem Zeichnen aufhören. Verwende dazu die `break`-Anweisung.

Beispiel 15

Erinnerst du dich, wie wir vorher die Anzahl der Teiler einer Zahl gezählt haben? In diesem Programm haben wir eine ähnliche Aufgabenstellung. Wir möchten, dass der Computer für uns den kleinsten echten Teiler einer Zahl sucht. Der Teiler muss größer sein als 1. Wir beginnen bei 2 und probieren alle möglichen Teiler aus. Im Unterschied zu vorhin brechen wir die Schleife aber ab, sobald wir einen Teiler gefunden haben. Dann führt der Computer die beiden Anweisungen nach der Schleife aus. Er schreibt also auf den Bildschirm, welches der kleinste Teiler ist, den er gefunden hat:

```
def kleinster_teiler(zahl):
    pruefzahl = 2
    repeat zahl - 1:
        if isInteger(zahl / pruefzahl):
            break
        pruefzahl += 1
    print "Der kleinste Teiler von", zahl,
    print "ist", pruefzahl

    if pruefzahl == zahl:
        print "Die Zahl", zahl, "ist eine Primzahl"
kleinster_teiler(1547)
```

32 Bei einer Primzahl ist der kleinste echte Teiler gerade die Primzahl selbst. Der kleinste echte Teiler von 37 ist 37. Wenn im Beispiel oben die Variablen **pruefzahl** und **zahl** den gleichen Wert haben, dann ist **zahl** eine Primzahl. Ändere damit das Programm im Beispiel so ab, dass es nicht mehr den kleinsten Teiler ausgibt, sondern am Schluss entweder schreibt „1547 ist eine Primzahl" oder „1547 ist keine Primzahl". Verwende dazu die `if-else`-Anweisung.

Beispiel 16

Wir möchten ein Programm entwickeln, das für eine Zahl prüft, ob sie eine Quadratzahl ist. Du bekommst eine Quadratzahl, indem du eine natürliche Zahl mit sich selbst multiplizierst.
Um herauszufinden, ob zum Beispiel 267 289 eine Quadratzahl ist, probieren wir alle natürlichen Zahlen von 1 bis 10 000 aus. Wir rechnen zuerst 1 · 1 = 1, dann 2 · 2 = 4, dann 3 · 3 = 9 usw. Wenn diese Quadratzahlen 1, 4, 9 usw. kleiner sind als die Zahl 267 289, dann suchen wir weiter. Wenn aber die Quadratzahl größer wird, dann brechen wir die Suche ab.
Nach der Schleife testen wir mit einer `if-else`-Anweisung, ob die gesuchte Zahl genau a · a ist. Dann ist sie eine Quadratzahl.

```
def ist_quadratzahl(zahl):
    a = 1
    repeat zahl:
        if a*a < zahl:
            a += 1
        else:
            break
    if a*a == zahl:
        print zahl, "ist eine Quadratzahl"
    else:
        print zahl, "ist keine Quadratzahl"

ist_quadratzahl(267289)
```

33 Schreibe das Programm im Beispiel so um, dass es dir alle Quadratzahlen ausgibt, die kleiner oder gleich sind wie eine Zahl **zahl**. Lass dir damit alle Quadratzahlen ausgeben, die kleiner sind als 1000.

34 Entwickle ein Programm, das testet, ob eine Zahl eine Kubikzahl ist. Wenn du eine Zahl dreimal mit sich selbst multiplizierst, dann bekommst du eine Kubikzahl.
27 ist zum Beispiel eine Kubikzahl, weil 3 · 3 · 3 = 27.

Was du gelernt hast

Die Anweisung `break` bricht die Ausführung und Wiederholung einer Schleife vorzeitig ab. Wenn eine gewisse Bedingung erfüllt ist, springt der Computer mit `break` aus der Schleife heraus und setzt die Arbeit in der Zeile direkt nach der Schleife fort. Das ermöglicht dir, eine Tätigkeit so lange wiederholen zu lassen, wie es Sinn hat, oder bis der Computer die Lösung gefunden hat.

While-Schleifen

Mit `if` und `break` kannst du dem Computer sagen, dass er eine Tätigkeit nur so lange wiederholen soll, bis eine bestimmte Bedingung erfüllt ist. Bei `repeat` gibst du dafür eine große Zahl an. Wäre es da nicht praktischer und nützlicher, wenn du direkt sagen könntest, der Computer soll eine Tätigkeit wiederholen, solange eine gewisse Bedingung erfüllt ist? Genau dafür gibt es eine zweite Art von Schleifen, die `while`-Schleifen.

Neue Konzepte und Befehle

- **`while` Bedingung:**
  Die `while`-Schleife wiederholt eine Tätigkeit, solange die Bedingung hinter `while` erfüllt ist. Vorsicht: Wenn die Bedingung hinter `while` immer gilt, dann läuft die Schleife einfach ewig weiter.

Beispiel 17

In Beispiel 14 haben wir einen Befehl entwickelt, der eine rechteckige Spirale zeichnet. Mit `if` und `break` haben wir dafür gesorgt, dass die Schleife aufhört, wenn die Seite der Spirale länger wird als max_seite. Im Programm unten machen wir das Gleiche, aber jetzt mit einer `while`-Schleife. Das Programm wird damit kürzer und übersichtlicher.
Mit der `while`-Schleife in Zeile 4 geben wir an, dass die Schleife genau so lange wiederholt werden soll, wie der Wert von seite kleiner oder gleich dem Wert von max_seite ist.

```
 1  from gturtle import *
 2
 3  def spirale(seite, add, max_seite):
 4      while seite <= max_seite:
 5          forward(seite)
 6          right(90)
 7          seite += add
 8
 9  makeTurtle()
10  hideTurtle()
11  spirale(10, 4, 200)
```

Du könntest eine `while`-Schleife auch immer mit einer `repeat`-Schleife, `if`, `else` und `break` schreiben. Am Beispiel hier siehst du aber, dass while-Schleifen kürzer und übersichtlicher sind.

```
while seite <= max_seite:
    forward(seite)
    right(90)
    seite += 1
```

↕

```
repeat 1000000000:
    if seite <= max_seite:
        forward(seite)
        right(90)
        seite += 1
    else:
        break
```

35 Entwickle ein Programm, das eine achteckige Spirale von außen nach innen zeichnet. Die Startlänge der Seite und die Verkleinerung der Seite in jedem Schritt sollen Parameter sein. Verwende eine `while`-Schleife und lass die Spirale so lange zeichnen, wie die Seitenlänge größer als 10 ist.

36 In Beispiel 16 hast du die `repeat`-Schleife unten gesehen. Die Schleife wird wiederholt, solange **a · a** kleiner ist als **zahl**. Wie kannst du das mit einer `while`-Schleife schreiben?

```
repeat zahl:
    if a*a < zahl:
        a += 1
    else:
        break
```

37 Entwickle einen Befehl, der für eine Zahl prüft, ob die Zahl eine Primzahl ist. Überlege dir dazu, wie du in Aufgabe 15 vorgegangen bist, und verwende dieses Mal eine `while`-Schleife.

38 Wenn du in der Zahlenfolge unten genug Brüche zusammenzählst, dann wird die Summe immer größer. Wie viele Brüche musst du zusammenzählen, damit die Summe größer wird als 5? Entwickle ein Programm, das Brüche addiert, solange die Summe kleiner ist als 5. Am Ende gibt das Programm aus, welche Zahl im Nenner des letzten Bruchs steht und wie groß die Zahl insgesamt ist.

$\frac{1}{1} + \frac{1}{2} + \frac{1}{3} + \frac{1}{4} + \frac{1}{5} + \ldots$

Was du gelernt hast

Mit der `while`-Schleife kannst du eine Tätigkeit so lange wiederholen lassen, wie die Bedingung hinter `while` erfüllt ist.

Zusammenfassung

Beim Programmieren braucht man die Möglichkeit, abhängig von der Situation verschiedene Tätigkeiten auszuüben oder eine Suche abzubrechen. Die Situation wird durch die Werte der Variablen beschrieben. Der Computer muss also abhängig von seinen Variablen-Werten **Entscheidungen** treffen können. Das ermöglichen die neuen Anweisungen `if`, `else`, `break` und `while`.
Mit `if` lassen wir den Computer eine **Bedingung** prüfen und entscheiden, ob er den Körper der `if`-Anweisung ausführen soll oder nicht. Mit `if` und `else` zusammen entscheidet sich der Computer für eine von zwei möglichen Tätigkeiten. Mit `break` kannst du die Schleife sofort abbrechen. Der Computer springt damit aus der Schleife und führt die Anweisungen aus, die nach der Schleife stehen. Mit `while` hast du eine Schleife, für die du nicht im Voraus bestimmen musst, wie viele Male sie durchlaufen werden soll. Sie wird so lange wiederholt, wie die angegebene Bedingung erfüllt ist. Wenn die Bedingung der `while`-Schleife immer erfüllt ist, dann arbeitet die Schleife unendlich lange. Das ist das erste Mal, dass du Programme schreiben kannst, die im Prinzip ewig laufen können.
Die Bedingungen in `if`- und `while`-Anweisungen dürfen **komplexe Bedingungen** sein. Mit `and` (und), `or` (oder) und `not` (nicht) kannst du einfache Bedingungen zu komplexen Bedingungen verknüpfen.

In diesem Kapitel hast du folgende Befehle gelernt:

`if` **Bedingung**: `Körper`	Die Anweisungen im Körper zu `if` werden nur dann ausgeführt, wenn die Bedingung erfüllt ist. Wenn du als Bedingung angibst, dass eine Variable einen bestimmten Wert haben soll, dann verwendest du ein doppeltes Gleichheitszeichen ==. Zwei Bedingungen kannst du mit `and` oder `or` verknüpfen.

`if` **Bedingung**:
    `Körper 1`
`else`:
    `Körper 2`
	Der Computer führt entweder die Anweisungen im Körper 1 oder die Anweisungen im Körper 2 aus. Wenn die Bedingung hinter `if` erfüllt ist, dann wird der Körper 1 ausgeführt, andernfalls der Körper 2.

`break`	Die Schleife sofort abbrechen und den nächsten Befehl ausführen, der nach der Schleife steht.
`while` **Bedingung**: `Körper`	Solange die Bedingung hinter `while` erfüllt ist, wird der Körper der `while`-Schleife wiederholt. Nach jeder Wiederholung des Schleifenkörpers prüft der Computer, ob die Bedingung erfüllt ist. Wenn ja, dann wird die Schleife noch einmal wiederholt.

Teste dich selbst

Konzepte und Befehle

1 Wie kannst du erreichen, dass ein Programm eine Tätigkeit nur unter gewissen Bedingungen ausführt?
2 Wie kannst du einem Programm die Möglichkeit geben, sich für eine von zwei möglichen Alternativen zu entscheiden?
3 Kann ein Programm abhängig von seinen Variablen-Werten eine von vielen unterschiedlichen Tätigkeiten auswählen? Falls ja, zeige mit einem Beispiel, wie es geht.
4 Wie kannst du eine `repeat`-Schleife vorzeitig abbrechen?

5 Welche Struktur hat eine `while`-Schleife?

6 Was passiert, wenn die Bedingung hinter `while` erfüllt ist? Was passiert, wenn sie nicht erfüllt ist? Was hat das mit der Bedeutung des englischen Wortes „while“ zu tun?

7 Was macht der Computer, wenn er die Zeile `if 2*x-7 == y*y+3:` abarbeitet? Wie stellt er fest, ob diese Bedingung für die aktuellen Werte von **x** und **y** erfüllt ist?

8 Wann ist die zusammengesetzte Bedingung `A and not B` erfüllt? Müssen A und B dazu beide erfüllt sein?

9 Ist die zusammengesetzte Bedingung `x > 0 or x < 9` auch erfüllt, wenn der Wert von **x** gleich 3 ist?

10 Was ist die Negation der Bedingung `x == 4`?

Aufgaben

1 Das folgende Programm fordert dich auf, eine Zahl einzugeben. Was macht das Programm mit dieser Zahl? Was gibt das Programm zum Beispiel aus, wenn du die Zahl 7 eingibst? Stelle zuerst eine Vermutung auf, bevor du es mit dem Computer ausprobierst.

```
def rechne(x):
    summe = 0
    while x > 0:
        summe += 3
        x -= 1
    print summe

zahl = input("Gib eine Zahl ein:")
if zahl > 0:
    rechne(zahl)
```

2 Du hast drei Zahlen **a**, **b**, **c**. Schreibe ein Programm, das prüft, ob alle drei Zahlen unterschiedlich sind. Wenn ja, gibt es aus: „Alle drei Zahlen sind unterschiedlich.“ Wenn nein, gibt das Programm aus: „Es gibt mindestens zwei gleiche Zahlen.“

3 Entwickle ein Programm, das die Figur in der Abbildung zeichnet. Du hast diese Figur bereits in Aufgabe 3 des „Teste dich selbst“ von Kapitel 5 gesehen. Starte mit dem größten Dreieck. Das nächstkleinere Dreieck hat jeweils eine halb so lange Seitenlänge. Dein Programm soll so lange Dreiecke zeichnen, bis die Seitenlänge des Dreiecks kleiner wird als 3.

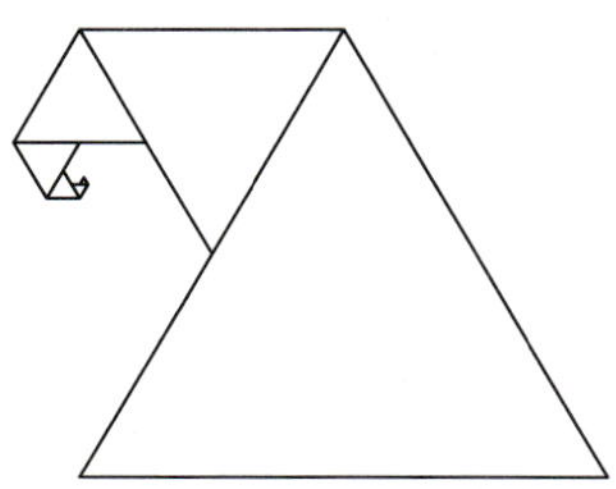

4 Entwickle ein Programm, bei dem du zuerst mit `input()` eine Zahl **n** eingeben kannst. Das Programm gibt dir dann alle Primzahlen aus, die kleiner oder gleich **n** sind.

7 Listen mit vielen Zahlen

Das Konzept der **Variable** ermöglicht es dir, Werte wie Zahlen, Farben oder kurze Texte abzuspeichern und nach Bedarf zu ändern. Dafür musst du in jedem Programm so viele Variablen definieren und benennen wie die Anzahl der Werte, mit denen du arbeiten willst. Was machst du aber beim Programmieren, wenn du eine ganze **Liste von Zahlen** zur Verarbeitung erhalten hast und es nicht im Voraus bekannt ist, wie lang die Zahlenreihe wird? Egal wie viele Variablen du in einem Programm bestimmst, es kann immer dazu kommen, dass du als Eingabe mehr Werte als im Voraus bestimmte Variablen hast.

In diesem Kapitel lernst du, Listen als eine komplexe Variable zu nutzen, die beliebig lange Folgen von Zahlen unter einem Variablennamen abspeichern kann. Listen ermöglichen dir, deine Zahlenfolgen zu verwalten. Du kannst einzelne Zahlen aus der Folge entfernen, neue hinzufügen und natürlich mit allen Werten auch rechnen.

Zahlenlisten erzeugen

Stell dir vor, in deiner Gemeinde wird ein Lauf organisiert. Die Gemeinde erwartet viele Teilnehmerinnen und Teilnehmer. Die definitive Teilnehmerzahl ist aber noch unbekannt. Deine Aufgabe ist es, ein Programm zu schreiben, um die Teilnehmer zu erfassen.
Mit „erfassen" meinen wir, dass alle gewünschten Daten von allen Teilnehmern abgespeichert werden sollen.
Üblicherweise werden die Teilnehmer eines Laufs in Alterskategorien eingeteilt. Deswegen möchtest du das Alter der Teilnehmer erfassen. Während du das Programm schreibst, kennst du das Alter der Läuferinnen und Läufer noch nicht. Du verwendest also Variablen. Aber wie viele Variablen brauchst du, um das Alter aller Teilnehmer zu erfassen, wenn die Anzahl der Teilnehmer noch unbekannt ist?
Dafür gibt es in Python spezielle Variablen, die **Listen** genannt werden. Listen können unter einem Namen eine ganze Folge von Zahlen abspeichern. Natürlich brauchen Listen unterschiedlich viel Speicher, abhängig davon, wie lang die Liste ist. Darum musst du dich aber nicht kümmern, die Organisation des Speicherplatzes haben andere Informatiker schon für dich vorprogrammiert. Du darfst sogar jederzeit neue Zahlen in der Liste abspeichern und somit die Liste verlängern.

Neue Konzepte und Befehle

- **liste** = [**zahl**, **zahl**, **zahl**, ..., **zahl**]
  Du kannst eine Variable als Liste definieren. Für eine **Liste** gibst du zwischen eckigen Klammern so viele Zahlen an, wie du brauchst. Die Liste enthält dann die ganze Zahlenfolge.
  Die Zahlen in der Liste heißen die **Elemente** der Liste. Der Begriff Element ist immer mit einer Position in der Liste verbunden. In der Liste [3, 1, 3, 2, 3] ist die Zahl 3 der Wert der Elemente auf den Positionen 1, 3 und 5.
- **liste**.append(**neue_zahl**) und **liste**.remove(**neue_zahl**)
  Nachdem du eine Variable als Liste angelegt und als **liste** gespeichert hast, kannst du mit `append` ein neues Element mit dem Wert **neue_zahl** am Ende der Liste hinzufügen. Mit `remove` kannst du ein Element aus der Liste entfernen. Es wird immer von links nach rechts das erste Element mit dem Wert **neue_zahl** entfernt. Wenn der Wert in der Liste mehrmals vorkommt, bleiben die restlichen Elemente mit dem Wert **neue_zahl** in der Liste.
- Eine Liste ist eine Variable mit einer Struktur. Sie kann als Folge von Speicherplätzen angesehen werden, in der die Anzahl der Speicherplätze veränderbar ist. Solche strukturierten Variablen nennen wir **Datenstrukturen**.

Beispiel 1

In diesem einfachen Programm siehst du, wie man Listen verwendet. Wir erzeugen zuerst eine Liste mit den vier kleinsten Primzahlen und speichern sie als Variable primzahlen. In der zweiten Zeile fügen wir die fünfte Primzahl hinzu. Wenn die Liste ausgegeben wird, enthält sie fünf Elemente.

```
1 primzahlen = [2, 3, 5, 7]
2 primzahlen.append(11)
3 print primzahlen
```

Beispiel 2

Für den Lauf brauchst du eine Liste mit dem Alter aller Teilnehmer. Im Programm erzeugen wir dafür eine leere Liste teilnehmer in Zeile 1. In den eckigen Klammern steht keine Zahl und deshalb enthält die Liste teilnehmer noch keine Zahlen. Wenn du das Programm ausführst, dann fragt es dich, wie viele Teilnehmer es gibt. Gib hier zum Beispiel 3 ein. Dann wird die Schleife 3-mal wiederholt. In jedem Durchgang fragt dich das Programm nach dem Alter des Teilnehmers oder der Teilnehmerin. Deine Eingabe wird in der Variable alter gespeichert und gleich danach wird der aktuelle Wert in alter zur Liste der Teilnehmer hinzugefügt.

```
1  teilnehmer = []
2  anzahl = input("Wie viele Teilnehmer gibt es?")
3  repeat anzahl:
4      alter = input("Alter:")
5      teilnehmer.append(alter)
6  print teilnehmer
```

1 Beim Lauf dürfen nur Teilnehmer mitlaufen, die mindestens 7 Jahre alt sind. Füge eine `if`-Bedingung in Zeile 5 ein, die prüft, ob das Alter mindestens 7 ist. Wenn der Teilnehmer alt genug ist, wird sein Alter zur Liste hinzugefügt. Ansonsten schreibt das Programm „zu jung" auf den Bildschirm.

2 Kannst du auch Zahlen mit Nachkommastellen zu einer Liste hinzufügen? Finde die Antwort, indem du es mit Python ausprobierst. Notiere deine Beobachtungen.

Beispiel 3

Das Programm unten berechnet die Werte, die es zur Liste hinzufügt, selber. Wir beginnen wieder mit einer leeren Liste, die quadratzahlen heißt. In der Schleife erhöhen wir dann den Wert der Variable x jedes Mal um 1. Bei jeder Wiederholung der Schleife wird x mit sich selbst multipliziert zur Liste hinzugefügt. Das Resultat ist eine Liste mit den ersten zehn Quadratzahlen.

```
quadratzahlen = []
x = 1
repeat 10:
    quadratzahlen.append(x*x)
    x += 1
print quadratzahlen
```

3 Ändere das Programm im Beispiel so ab, dass es eine Liste mit den ersten zehn Kubikzahlen erzeugt.

4 Entwickle ein Programm, das eine Liste mit Quadratzahlen erzeugt. Das Programm fügt alle Quadratzahlen, die kleiner als 1000 sind, zur Liste hinzu. Verwende eine `while`-Schleife anstelle der `repeat`-Schleife.

5 Welche Liste erzeugt das folgende Programm? Stelle zuerst eine Vermutung auf, indem du das Programm ohne Computer durchgehst. Prüfe danach mit dem Computer, ob du richtig liegst.

```
zahlen = []
k = -5
repeat 11:
    z = 25 - k*k
    zahlen.append(z)
    k += 1
print zahlen
```

6 Entwickle ein Programm, das zuerst die Quadratzahlen 1, 4, 9, 16 usw. bis 100 zu einer Liste hinzufügt. Danach zählt das Programm in einer zweiten Schleife zurück und fügt jede Quadratzahl außer 100 nochmals hinzu. Dein Programm gibt also folgende Liste aus: [1, 4, 9, 16, 25, 36, 49, 64, 81, 100, 81, 64, 49, 36, 25, 16, 9, 4, 1]

7 Entwickle ein Programm, das dich mit `input()` zuerst nach einer Zahl fragt. Danach fügt das Programm alle Teiler der eingegebenen Zahl zu einer Liste hinzu und gibt diese Liste am Ende aus. Um die Teiler einer Zahl zu finden, verwendest du den Befehl `isInteger`, den du in Kapitel 6 gelernt hast.

8 Entwickle ein Programm, das eine Liste mit allen Zahlen von 1 bis 99 erstellt, die eine 5 enthalten oder durch 5 teilbar sind. Die Liste enthält also zum Beispiel die Zahlen 15, 30, 52, 59, 65 usw.

Was du gelernt hast

Eine Liste speichert nicht einen einzelnen Zahlenwert, sondern eine Folge von beliebig vielen Werten. Du musst die Anzahl der Werte einer Liste nicht im Voraus bestimmen, sondern darfst jederzeit weitere Werte hinzufügen oder andere entfernen. In Python erzeugst du eine Liste mit einer Zahlenfolge in eckigen Klammern. Danach fügst du mit `append(`**zahl**`)` weitere Zahlenwerte zur Liste hinzu.
Die Werte der in der Liste abgespeicherten Zahlenfolge heißen ihre Elemente.
Eine Zahl darf in der Liste mehrfach vorkommen.

Die Zahlen einer Liste durchlaufen

Python ermöglicht es dir, jedes Element der Liste anzuschauen und zu verwenden. Du kannst in einer Schleife, genannt `for`-Schleife, alle Elemente der Liste eines nach dem anderen anschauen und eine Tätigkeit für jedes Element in der Liste genau einmal ausführen.

Beispiel 4

Das Programm startet mit der Liste zahlenfolge mit der Zahlenfolge 1 bis 10. Für jede Zahl in der Liste zahlenfolge setzt die `for`-Schleife den Wert der Zahl in die Variable zahl ein. Beim ersten Durchgang des Schleifenkörpers hat zahl also den Wert 1. Im zweiten Durchgang hat zahl den Wert 2. Für jede Zahl prüft der Schleifenkörper, ob die Zahl durch 3 teilbar ist. Für Zahlen, die durch 3 teilbar sind, schreibt das Programm ein Sternchen auf den Bildschirm. Alle anderen Zahlen werden normal ausgegeben.

```
zahlenfolge = [1, 2, 3, 4, 5, 6, 7, 8, 9, 10]
for zahl in zahlenfolge:
    if isInteger(zahl / 3):
        print "*",
    else:
        print zahl,
```

9 In unserem Beispiel mit dem Lauf sollen die Teilnehmerinnen und Teilnehmer in Juniorinnen/Junioren und Seniorinnen/Senioren eingeteilt werden. Alle Teilnehmer ab 23 gehören zu den Senioren. Schreibe ein Programm, dem du eine Liste mit dem Alter von Teilnehmern angeben kannst. Das Programm gibt dann das Alter aller Teilnehmer aus, die bei den Junioren starten.

Neue Konzepte und Befehle

- **`for` variable `in` liste:**
  ```
      Körper
  ```
  Bei einer `for`-Schleife gibst du einen Variablennamen und eine Liste an. Python setzt dann der Reihe nach jedes Element aus der Liste in die Variable ein und führt den Körper der Schleife dazu aus.
  Mit `for x in [2, 3, 5]` setzt Python für **x** im ersten Durchlauf der Schleife 2 ein, im zweiten 3 und im dritten 5. Für jede dieser drei Zahlen wird der Schleifenkörper genau einmal ausgeführt.

10 Was zeichnet das folgende Programm? Skizziere zuerst das Bild von Hand und überprüfe dann deine Lösung mit dem Computer.

```
from gturtle import *
makeTurtle()
seiten = [80, 50, 80, 50]
for s in seiten:
    forward(s)
    right(90)
```

11 Unten siehst du drei Programme mit einer `repeat`-Schleife und drei Programme mit einer `for`-Schleife, die eine Liste durchlaufen. Zu jedem Programm mit `repeat` gibt es ein Programm mit `for`, das die gleiche Ausgabe liefert. Finde heraus, welche Programme zusammenpassen, ohne den Computer zu verwenden.

A
```
x = 1
repeat 6:
    print x,
    x += 1
```

B
```
x = 5
repeat 4:
    print x,
    x += 2
```

C
```
x = 1
repeat 5:
    print x,
    x += x
```

1
```
zahlen = [5, 7, 9, 11]
for x in zahlen:
    print x,
```

2
```
zahlen = [1, 2, 3, 4, 5, 6]
for x in zahlen:
    print x,
```

3
```
zahlen = [1, 2, 4, 8, 16]
for x in zahlen:
    print x,
```

Beispiel 5

Du kannst im Körper einer `for`-Schleife auch eine zusätzliche Variable verwenden, die bei jeder Wiederholung um 1 erhöht wird. Während das Programm mit einer `for`-Schleife alle Zahlen in der Liste primzahlen durchgeht, zählt es mit der Variable index, das wievielte Element zahl ist. So gibt das Programm für jede Primzahl an, an welcher Stelle der Primzahlfolge sie steht:

```
primzahlen = [2, 3, 5, 7, 11, 13, 17, 19]
index = 1
for zahl in primzahlen:
    print index, ":", zahl
    index += 1
```

12 Ändere das Programm im Beispiel so ab, dass es nur die Primzahlen an den Stellen 4 und 5 ausgibt. Das Programm gibt also nur die Zahlen 7 und 11 aus. Verwende dazu die Technik mit dem Index, der mitzählt, das wievielte Element **zahl** ist.

13 Nachdem der Computer mit einer `for`-Schleife die Liste einmal durchlaufen hat, enthält die Variable **index** die Anzahl der Elemente in der Liste. Nutze das geschickt aus und lass den Computer die Liste ein zweites Mal durchlaufen. Dabei soll er das zweitletzte Element der Liste ausgeben. Er gibt insgesamt also nur eine Zahl aus. Bei der Liste der Primzahlen im Beispiel wäre das 17.

Einblick in die Computer-Technologie

Gespeicherte Zahlenwerte interpretieren

Computer können nur Zahlen speichern und verarbeiten. Bei den frühen Computern waren das fast immer Zahlen zwischen 0 und 255. Um auch Texte mit dem Computer darstellen und bearbeiten zu können, ließen sich die Informatiker etwas einfallen. Sie legten einen Code fest, in dem jeder Zahl ein Buchstabe oder ein Satzzeichen zugeordnet wird. Die Zahl 65 entspricht zum Beispiel dem Großbuchstaben A, die Zahl 66 dem Großbuchstaben B usw. Das Wort „Informatik" entspricht der Zahlenfolge 73, 110, 102, 111, 114, 109, 97, 116, 105, 107.

Auch Farben werden mit Zahlen dargestellt. Dazu wird jede Farbe in die Grundfarben Rot, Grün und Blau zerlegt (oft als RGB abgekürzt). Eine Zahl zwischen 0 und 255 gibt an, wie stark der Anteil der entsprechenden Grundfarbe ist. Die Kombination 255, 0, 255 entspricht zum Beispiel Violett: Es ist eine Mischung aus sehr viel Rot und sehr viel Blau, hat aber kein Grün darin. Die Kombination 73, 110, 102 entspricht einem gräulichen Türkis – hier sind Grün und Blau am stärksten.

Woher weiß der Computer, wie er die Kombination 73, 110, 102 interpretieren soll? Es könnte sich um den Text „Inf", um das gräuliche Türkis oder tatsächlich um die Folge der drei Zahlen handeln. Der Computer speichert neben den Zahlen immer auch ein Kürzel, das angibt, wie die Zahlen interpretiert werden müssen. Die Kürzel „txt" und „doc" stehen für Text, die Kürzel „gif", „png" oder „jpg" stehen für Bilder, die für jedes Pixel die Farbe speichern.

Solange du mit Variablen arbeitest, zeigt dir der Computer die Kürzel nicht an. Aber wenn du deine Datei speicherst, fügt der Computer nach dem Namen einen Punkt und das Kürzel hinzu. Damit siehst du der Endung einer Datei an, wie die Zahlen in der Datei vom Computer interpretiert werden.

14 Mit dem Befehl `print chr(zahl)` schreibt der Computer Buchstaben ins Ausgabe-Fenster – vorausgesetzt, die in Klammern angegebene Zahl entspricht einem Buchstaben. Bei Ausführung des folgenden Programms gibt der Computer zum Beispiel ANNA aus:

```
mein_text = [65, 78, 78, 65]
for zahl in mein_text:
    print chr(zahl)
```

Lass den Computer mit dieser Methode deinen Namen ausgeben.

Listen aufteilen

Mit der `for`-Schleife kannst du eine Liste in zwei Teillisten aufteilen. Du lernst nun, wie das geht.

Beispiel 6

Das Programm beginnt mit einer Liste zahlenliste beliebiger Zahlen. Zudem erzeugt es zwei leere Listen gerade und ungerade. In der `for`-Schleife geht das Programm jede Zahl aus zahlenliste durch und prüft, ob die Zahl durch 2 teilbar ist. Wenn ja, dann wird die Zahl zur Liste gerade hinzugefügt. Wenn nicht, wird die Zahl zur Liste ungerade hinzugefügt. Am Schluss sind alle Zahlen in gerade und ungerade Zahlen aufgeteilt.

```
zahlenliste = [2, 6, 7, 9, 12, 4, 5, 11]
gerade = []
ungerade = []
for zahl in zahlenliste:
    if isInteger(zahl / 2):
        gerade.append(zahl)
    else:
        ungerade.append(zahl)
print "Gerade Zahlen:", gerade
print "Ungerade Zahlen:", ungerade
```

15 Starte mit einer Liste, die das Alter der Lauf-Teilnehmer enthält. Zum Beispiel:

```
teilnehmer = [14, 35, 29, 20, 40, 38,
              66, 17, 20, 26, 31, 49]
```

Entwickle dazu ein Programm, das die Teilnehmer in Junioren (bis 22) und Senioren (ab 23) einteilt. Am Schluss gibt dein Programm die Liste der Junioren und die Liste der Senioren aus.

16 Erweitere das Programm aus der letzten Aufgabe so, dass es drei Kategorien gibt: Junioren bis 22, Senioren von 23 bis 34 und Veteranen ab 35. Dein Programm sortiert wiederum alle Teilnehmer in eine der drei Kategorien ein und gibt am Schluss die drei Listen aus.

Die Zahlen einer Liste zusammenzählen

Während du mit einer `for`-Schleife die Zahlen einer Liste durchläufst, kannst du die Zahlen zusammenzählen und so die Summe berechnen.

Beispiel 7

Um die Summe zu berechnen, ist es wichtig, dass du zuerst die Variable summe auf den Wert null setzt. Danach durchläuft das Programm jede Zahl in der Liste und zählt den Wert der Zahl zum Wert der Variable summe hinzu.

```
liste = [1, 2, 3, 4, 5]

summe = 0
for zahl in liste:
    summe += zahl
print summe
```

17 Schreibe ein Programm, das zuerst eine Liste mit den Quadratzahlen 1, 4, 9, …, 100 erzeugt. Danach berechnet dein Programm die Summe dieser zehn Quadratzahlen und schreibt die Summe auf den Bildschirm.

18 Wenn du im Beispielprogramm `summe += zahl` durch `summe += 1` ersetzt, dann zählt das Programm für jede Zahl 1 zur Summe hinzu. Die Variable **summe** enthält dann nicht die Summe, sondern die Anzahl der Elemente in der Liste. Nenne die Variable zum Zusammenzählen deshalb **anzahl** statt **summe**.
Schreibe damit ein Programm, das dir für eine beliebige Liste die Anzahl der Elemente in der Liste zählt, und überprüfe mit einigen Listen, dass dein Programm richtig funktioniert.

19 Schreibe ein Programm, das gleichzeitig die Summe und die Anzahl der Zahlen in einer Liste bestimmt. Am Schluss berechnet dein Programm den Durchschnitt, indem es die Summe durch die Anzahl teilt, und gibt ihn auf dem Bildschirm aus.

Was du gelernt hast

Wenn du eine Liste hast, kannst du mit einer `for`-Schleife ein Programm schreiben, das für jeden Zahlenwert in der Liste genau einmal ausgeführt wird. Python setzt dazu automatisch jeden Wert einen nach dem anderen in die Variable der `for`-Schleife ein und führt den Schleifenkörper aus.
Zwei häufige Aufgaben mit `for`-Schleifen sind das Aufteilen einer Liste in zwei kleinere Listen sowie das Berechnen der Summe oder Anzahl der Zahlenwerte in einer Liste.

Befehle für Listen definieren

Eine Aufgabe, die du immer wieder erledigen musst, solltest du als Befehl definieren. Zum Beispiel musst du oft eine Liste mit den Zahlen 1, 2, 3, 4 … erzeugen. Deshalb ist es sinnvoll, einen Befehl dafür zu definieren.
Hier gibt es einen wichtigen Unterschied zu den einfachen Variablen. Wenn du eine einfache Variable als Eingabe an ein Unterprogramm weitergibst, setzt das Unterprogramm den Wert der Variable in eine eigene Variable ein und arbeitet mit der eigenen Variable weiter. Ein Unterprogramm kann den Wert einer einfachen Variable im Hauptprogramm nicht ändern.
Wenn du aber eine Liste als Eingabe an ein Unterprogramm weitergibst, wird der Inhalt der Liste nicht in eine Liste des Unterprogramms kopiert, sondern das Unterprogramm arbeitet direkt mit der Liste des Hauptprogramms und kann sie bei Bedarf sogar verändern.

Beispiel 8

Das folgende Programm erzeugt eine Liste, die wir meine_liste nennen. Das Programm hat drei Variablen: die Datenstruktur liste und zwei einfache Variablen start und ende. Wir rufen das Programm mit einer leeren Liste sowie zwei natürlichen Zahlen für start und ende auf. Wenn der Wert für start kleiner ist als der Wert für ende, dann erzeugt das Programm eine Folge von natürlichen Zahlen von start bis ende in der Datenstruktur meine_liste.
Studiere das Programm und versuche nachzuvollziehen, wie die Zahlenreihe erzeugt wird.

```
def intervall(liste, start, ende):
    if start <= ende:
        x = start
        while x <= ende:
            liste.append(x)
            x += 1

meine_liste = []
intervall(meine_liste, 5, 19)
print meine_liste
```

20 Definiere einen Befehl `intervall_gerade(`**liste**`,` **start**`,` **ende**`)`, der nur die geraden Zahlen zwischen **start** und **ende** zur Liste hinzufügt.

21 Definiere einen Befehl `durchschnitt(`**liste**`)`, der für eine Liste den Durchschnitt aller Zahlen berechnet und ausgibt.

22 Definiere einen Befehl `listen_summe(`**liste**`)`, der die Summe aller Zahlen in einer Liste berechnet, diese Summe mit `append()` ans Ende der Liste anhängt und am Schluss die gesamte Liste ausgibt.

23 Entwickle einen Befehl `zaehle_wert(`**liste**`,` **wert**`)`, der zählt, wie oft der Wert in der Liste vorkommt, und dann zum Beispiel ausgibt: „Der Wert 4 kommt in der Liste 7-mal vor."

24 In Aufgabe 10 zeichnet die Turtle mithilfe einer `for`-Schleife ein Rechteck. Definiere einen Befehl `rechteck(`**a**`,` **b**`)`, der diese Technik mit der `for`-Schleife verwendet, um ein beliebiges Rechteck mit den Seitenlängen **a** und **b** zu zeichnen.

25 Welche Liste gibt der folgende Befehl aus? Beantworte die Frage zuerst ohne Computer, bevor du deine Antwort mit dem Computer überprüfst.

```
def abc(liste):
    x = 1
    while x < 20:
        liste.append(2*x)
        x += 1
meine_liste = []
abc(meine_liste)
print meine_liste
```

Was du gelernt hast

Du kannst Befehle definieren, die mit Listen als Variablen arbeiten. Diese Befehle können die Zahlenfolge in der Liste verändern, in unserem Fall neue Werte hinzufügen. Nach der Durchführung des Befehls kann das Hauptprogramm mit der geänderten Liste weiterarbeiten. Somit arbeiten beide, das Hauptprogramm sowie das Unterprogramm, mit der gleichen Liste. Das ist anders als bei „einfachen" Variablen. Dort haben Änderungen der Variablenwerte des Unterprogramms keinen Einfluss auf die Werte der Variablen des Hauptprogramms. Für die Arbeit mit Datenstrukturen gelten andere Regeln als für die Arbeit mit Variablen, die einen einzelnen Wert speichern.

Kleinste und größte Werte finden

An dieser Stelle kannst du bereits Zahlenlisten aufteilen oder den Durchschnitt aller Zahlen in einer Liste berechnen. Für den Lauf kannst du damit alle Teilnehmerinnen und Teilnehmer in Alterskategorien einteilen und herausfinden, wie alt sie im Durchschnitt sind. Wie alt ist aber der älteste Teilnehmer oder die älteste Teilnehmerin? Anders gefragt: Wie programmierst du den Computer so, dass er dir die größte Zahl aus der Liste heraussucht?

Beispiel 9

Wie findet man mit einem Programm den größten Wert von drei Zahlen a, b, c? Für die Beantwortung dieser Frage arbeiten wir zuerst ohne Listen. Wir setzen zuerst den Wert der Variable a als maximalen Wert in die Variable maximum. Dann vergleichen wir unser Maximum mit b und prüfen, ob b noch größer ist. Wenn ja, dann ist b unser neues Maximum. Zuletzt vergleichen wir unser Maximum auch mit c und nehmen c als Maximum, wenn es noch größer ist.

```
def groesste(a, b, c):
    maximum = a
    if b > maximum:
        maximum = b
    if c > maximum:
        maximum = c
    print maximum

groesste(3, 4, 2)
```

26 Ergänze den Befehl `groesste(`**a**, **b**, **c**`)` um zwei weitere Parameter **d** und **e**. Der Befehl soll also aus fünf Zahlen die größte heraussuchen.

Beispiel 10

Wenn man die größte Zahl in einer langen Zahlenreihe finden möchte, wird es unübersichtlich, mit einzelnen Parametern wie in Beispiel 9 zu arbeiten. Deshalb verwendet man eine Liste mit Zahlen. Die Strategie bleibt aber die gleiche:
Mit der Anweisung maximum = zahlen.`first` **sagen wir dem Computer, er solle den ersten Wert aus der Liste zahlen in die Variable maximum kopieren. Danach gehen wir mit einer** `for`**-Schleife alle Zahlen in der Liste durch. Auch die erste Zahl kommt hier nochmals vor. Für jede Zahl prüfen wir, ob sie größer ist als das bisherige Maximum. Wenn ja, dann ist diese größere Zahl das neue Maximum.**

```
def groesste(zahlen):
    maximum = zahlen.first
    for x in zahlen:
        if x > maximum:
            maximum = x
    print maximum

groesste([3, 4, 2, 7, 1])
```

Neue Konzepte und Befehle

- **liste** . `first`
  Bei einer Liste gibt **liste** . `first` immer den ersten Wert in der Liste an.
- **liste** . `last`
  Bei einer Liste gibt **liste** . `last` immer den letzten Wert in der Liste an.
- `len` (**liste**)
  Bei einer Liste gibt `len` (**liste**) die Anzahl der Elemente in der Liste an.

27 Beim Lauf sind alle Junioren sicher jünger als 23. Wie alt ist der älteste Junior? Entwickle ein Programm, das die Liste mit dem Alter aller Teilnehmer in Junioren (jünger als 23) und Senioren (ab 23) einteilt. Das Programm gibt dann das Alter des ältesten Juniors und des jüngsten Seniors aus. Verwende als Eingabe die Liste: 14, 35, 20, 40, 33, 66, 17, 20.

28 Entwickle ein Programm, das die Teilnehmer aus Aufgabe 27 in Junioren und Senioren einteilt. Das Programm bestimmt dann mit `len ()`, wie viele Junioren und wie viele Senioren am Lauf teilnehmen, und schreibt das auf den Bildschirm. Das Programm könnte also zum Beispiel ausgeben: „Am Lauf nehmen 5 Junioren und 3 Senioren teil."

29 Entwickle ein Programm, das aus einer Liste mit lauter verschiedenen Werten die zweitkleinste Zahl heraussucht und ausgibt. Dazu kann es hilfreich sein, zuerst die kleinste Zahl zu bestimmen.

30 Entwickle einen Befehl, der aus einer Liste die kleinste Zahl heraussucht, sie auf den Bildschirm schreibt und dann aus der Liste entfernt. Starte mit der Liste aus Aufgabe 27 und rufe den Befehl dann achtmal auf. Was ist speziell an der Ausgabe?

Was du gelernt hast

Du kennst eine Strategie, wie du aus einer beliebig langen Liste von Zahlen den kleinsten oder den größten Zahlenwert heraussuchen und in einer Variable abspeichern kannst.
Du kennst neue Befehle, mit denen du direkt den ersten oder den letzten Wert einer Liste erhalten kannst. Mit `len ()` steht dir ein Befehl zur Verfügung, mit dem du die Anzahl Elemente einer Liste erfahren kannst.

Ordnung machen

Wenn du häufig bestimmte Daten benötigst, dann entwickelst du am besten eine Ordnung in den Daten, damit du das Gesuchte schnell findest. Google wurde weltberühmt dank der Fähigkeit, alle Daten im Web zu ordnen und dann eine gewünschte Webseite schnell zu finden. Wie geht der Computer vor, wenn er die Werte in einer Liste ordnen soll?
Das Ziel besteht darin, eine gegebene Liste von Zahlen zu sortieren. Der Computer erhält als Eingabe eine unsortierte Liste mit beliebig vielen Zahlen in beliebiger Reihenfolge. Die Aufgabe ist, eine neue Liste zu erstellen. Diese soll alle Zahlen der ursprünglichen Liste enthalten, geordnet von der kleinsten bis zur größten Zahl.
Wenn wir zum Beispiel die Eingabeliste [11, 7, 5, 2, 7, 4, 7, 3, 1, 2] haben, sollte die Ausgabe [1, 2, 2, 3, 4, 5, 7, 7, 7, 11] sein.

Beispiel 11

Zum Sortieren nutzen wir folgende Strategie:
Der Computer sucht die kleinste Zahl in der Eingabeliste. Diese kleinste Zahl setzt er in die Ausgabeliste und löscht sie in der Eingabeliste. Dann sucht er wieder die kleinste Zahl, die noch in der Eingabeliste ist, und fügt sie zur Ausgabeliste hinzu. So sucht der Computer weiter, bis die Eingabeliste leer ist.
Wie der Computer die größte oder kleinste Zahl heraussucht, kennst du bereits aus Beispiel 10. Mit chaos . `remove` (minimum) wird diese kleinste Zahl aus der Eingabeliste chaos gelöscht und dann mit sortiert . `append` (minimum) an die sortierte Liste sortiert angehängt.

```
def sort(sortiert, chaos):
    while len(chaos) > 0:
        minimum = chaos.first
        for zahl in chaos:
            if zahl < minimum:
                minimum = zahl
        chaos.remove(minimum)
        sortiert.append(minimum)

sortiert = []
sort(sortiert, [4, 6, 1, 3, 9, 5, 4])
print sortiert
```

31 Ändere das Programm im Beispiel so ab, dass es immer das Maximum aus der Eingabeliste heraussucht. Ändert sich dadurch etwas an der Ausgabe? Ist die Ausgabeliste dann noch immer sortiert?

Was du gelernt hast

Es ist einfacher, in sortierten Zahlenlisten zu suchen als in nicht sortierten. Deswegen sortierst du oft die Zahlenlisten zuerst. Ein einfaches Sortierprogramm findet immer den minimalen Wert, entfernt ihn aus der Liste und fügt ihn am Ende der sortierten Liste hinzu.

Zusammenfassung

Eine **Liste** kann eine beliebig lange Zahlenfolge abspeichern. Jede Zahl auf einer Position in der Liste heißt ein **Element** der Folge. Eine Zahl (ein Wert) kann mehrfach in einer Liste vorkommen. Zum Beispiel enthält die Liste [3, 1, 2, 3, 3, 1] zwar sechs Elemente, aber nur drei verschiedene Werte.
Dank Listen kannst du eine Folge von Werten abspeichern, von der du im Voraus noch gar nicht weißt, wie lang sie sein wird. Du fügst mit **liste**.`append`(**zahl**) einen weiteren Wert zur Liste hinzu und kannst die Liste so jederzeit erweitern.
Mit **liste**.`remove`(**zahl**) kannst du das erste Element von links nach rechts mit dem Wert **zahl** entfernen.
Wenn der Computer jedes Element einer Liste durchgehen soll, dann verwendest du eine `for`-**Schleife**. Mit der `for`-Schleife sagst du dem Computer, dass er den Körper der Schleife für jedes Element in der Liste genau einmal wiederholen soll. Damit kannst du eine Liste durchsuchen, die Summe aller Zahlen ausrechnen oder eine Liste in Teillisten zerlegen.
Die häufigste Aufgabe in der Datenverwaltung ist es, nach bestimmten Werten zu suchen. Deswegen lohnt es sich, die Daten geordnet abzulegen. Bei Zahlen ist es eine gute Idee, die Zahlen der Größe nach zu sortieren. In der Praxis gibt es viele unterschiedliche Strategien: Diese Strategien heißen **Sortier-Algorithmen**. Du hast einen solchen Algorithmus kennengelernt: Du suchst aus einer Liste immer das kleinste Element heraus, entfernst es aus der Liste und hängst es ans Ende der Ausgabeliste.

In diesem Kapitel hast du folgende Befehle gelernt:

liste = [**zahl**, **zahl**, ..., **zahl**]	Eine Liste mit der angegebenen Zahlenfolge erzeugen.
liste.`append`(**zahl**)	Ein Element mit dem Wert **zahl** zur Liste hinzufügen.
liste.`remove`(**zahl**)	Ein Element mit dem Wert **zahl** aus der Liste entfernen.
liste.`first`	Das erste Element der Liste.
liste.`last`	Das letzte Element der Liste.
`len`(**liste**)	Die Anzahl der Elemente in der Liste.
`for` **variable** `in` **liste**: `Körper`	Alle Elemente der Liste durchlaufen und für jedes Element den Körper genau einmal ausführen.

Teste dich selbst

Konzepte und Befehle

1 Was ist der Unterschied zwischen einer Liste als Datenstruktur und einer Variable?
2 Mit welchem Befehl kannst du das erste Element einer Liste anschauen?
3 Wie kannst du einen Wert zu einer Liste hinzufügen? Wo wird der Wert in der Liste hinzugefügt?
4 Mit welcher Anweisung kannst du alle Elemente in einer ganzen Liste durchlaufen?
5 Was ist der Unterschied zwischen dem Begriff „Element der Liste" und einem Wert (einer Zahl), der in der Liste vorkommt? Kann es mehr Elemente als Werte in einer Liste geben?

Aufgaben

1 Entwickle ein Programm, das für drei gegebene Listen **liste1**, **liste2** und **liste3** eine Liste **gesamtliste** erstellt, welche die drei Listen als eine Folge beinhaltet. Zuerst kommen alle Elemente aus **liste1**, danach alle aus **liste2** und am Ende alle aus **liste3**.

2 Man kann die Elemente in einer Liste abhängig von ihrer Position in der Liste als erstes, zweites usw. bis zum letzten bezeichnen. Das hat nichts mit den Größen der gespeicherten Werte zu tun. Entwickle ein Programm, das für eine frei wählbare Zahl **i** und eine Liste **liste** das Element auf der i-ten Position der Liste ausgibt.

3 Entwickle ein Programm, das für eine gegebene Liste überprüft, ob sie aus lauter unterschiedlichen Werten besteht. Dazu prüft es die Liste für jeden Wert, wie oft er vorkommt, und schreibt für jeden Wert, der mehr als einmal vorkommt, auf den Bildschirm: „Der Wert x kommt mehr als einmal vor."

4 **Projektaufgabe:** Ein Median einer Zahlenfolge ist eine Zahl (ein Element) aus der Folge mit diesen Eigenschaften:
- Mindestens die Hälfte der Elemente der Zahlenfolge ist größer oder gleich dem Median.
- Mindestens die Hälfte der Elemente der Zahlenfolge ist kleiner oder gleich dem Median.

Beispielsweise ist 5 der Median der Folge 7, 1, 2, 2, 5, 5, 9, 3, 1, 7.
Definiere einen Befehl `med(liste, zahl)`, der überprüft, ob **zahl** der Median der Liste ist.

8 Daten speichern und verwalten

Mit Variablen kannst du beliebige Werte während der Ausführung des Programms speichern und verwenden. Sobald die Ausführung eines Programms fertig ist, werden die Variablen des Programms gelöscht und im Speicher wird der Platz freigegeben. So macht der Computer Platz für die Variablen von neuen Programmen.
Es kann sein, dass du gewisse Daten oder Resultate der Arbeit eines Programms unbefristet oder unabhängig vom Laufen der Programme abspeichern willst.

In diesem Kapitel lernst du, wie du Variablen dauerhaft anlegen und damit Werte langfristig abspeichern und bearbeiten kannst. Daneben lernst du, wie du Daten mit Tabellen strukturiert darstellen kannst. Du wirst sehen, dass Tabellen das Konzept der Listen erweitern und du damit viele Ideen von den Listen übernehmen kannst.

Daten dauerhaft speichern

Wenn der Computer ein Programm beendet, löscht er alle Werte der Variablen des Programms und gibt die Speicherplätze für andere Variablen frei. Manchmal möchtest du aber, dass eine Variable ihren Wert dauerhaft abspeichert. Das erreichst du, indem du eine Datenbank anlegst. Eine **Datenbank** (Englisch: database) ist eine Sammlung von Variablen, deren Werte dauerhaft gespeichert sind. Somit stehen hier die Daten und nicht die Programme im Vordergrund. Die Programme kommen und gehen, aber die Daten bleiben.

Beispiel 1

In diesem Beispiel siehst du, wie man eine Datenbank anlegt und mit ihr arbeitet. Wie bei der Turtle müssen für Datenbanken zu Beginn bestimmte Befehle geladen werden. Für die Turtle-Befehle lautete die erste Zeile `from gturtle import *`**.**
Für Datenbanken lautet die erste Zeile `from database1 import *`**.**
In der zweiten Zeile wird die Datenbank geöffnet und der Variable DB zugewiesen. Um eine neue Datenbank öffnen zu können, müssen wir einen Dateinamen eingeben. Unsere Datenbank trägt den Dateinamen `meine_datenbank`**.**
Bevor du mit den Variablen einer Datenbank arbeitest, musst du die Variablen erzeugen. Dazu schreibst du ein kurzes Programm, das die Datenbank öffnet und einer oder mehreren neuen Variablen in der Datenbank einen ersten Wert zuweist. In unserem Fall erzeugen wir die Variable x und weisen ihr den Wert 0 zu.

```
1  from database1 import *
2  DB = Database("meine_datenbank")
3  DB.x = 0
```

Nun können wir mit den Variablen der Datenbank arbeiten: In der dritten Zeile erhöhen wir den Wert der Variable x um 1. In der vierten Zeile wird der Wert der Variable x ins Ausgabe-Fenster geschrieben. Führe das Programm mehrmals aus. Du wirst dabei feststellen, dass der Wert der Variable x immer größer wird.

```
1  from database1 import *
2  DB = Database("meine_datenbank")
3  DB.x += 1
4  print DB.x
```

1 Wenn die Variable **x** in der Datenbank den Wert 3 erreicht, dann soll die Variable **x** wieder auf den Wert 0 zurückgesetzt werden. Ändere das Programm im Beispiel entsprechend ab.

2 Entwickle ein Programm mit einer Datenbank, das bei jedem Aufruf eine neue Quadratzahl ausgibt. Wenn du das Programm das erste Mal ausführst, dann schreibt es 1 auf den Bildschirm. Beim zweiten Mal schreibt es 4 auf den Bildschirm, beim dritten Mal 9 usw.

3 Entwickle ein Programm, das ein Vieleck zeichnet. Bei der ersten Ausführung zeichnet es ein Dreieck mit der Seitenlänge 200. Bei der zweiten Ausführung zeichnet es ein Quadrat mit der Seitenlänge 180, bei der dritten Ausführung ein Fünfeck mit der Seitenlänge 162 usw. Das heißt: Bei jeder Ausführung wird die Anzahl der Ecken des Vielecks um 1 vergrößert. Dafür wird die Länge der Seiten mit 0,9 multipliziert.

Neue Konzepte und Befehle

- `from database1 import *`
  Lädt die Befehle, um mit Datenbanken zu arbeiten.
- `DB = Database("name")`
  Öffnet die Datenbank mit dem angegebenen Namen.
  Jede Variable **variable**, die in der Datenbank ist, kannst du mit `DB.`**variable** verwenden oder ihren Wert verändern. Das `DB.` vor der Variable ist wichtig, weil es dem Computer sagt, dass du mit der Variable arbeiten möchtest, die in der Datenbank ist.
- Eine Variable, die zu einem bestimmten Programm gehört, heißt **lokale Variable**. Zum Beispiel sind alle Parameter immer lokale Variablen. Die Variablen in einer Datenbank heißen **dauerhafte Variablen**, weil jedes Programm darauf zugreifen, die Werte verwenden und verändern kann.

Beispiel 2

Mit einer Datenbank kannst du deine Prüfungsnoten speichern und, wann immer du willst, eine weitere Note hinzufügen. Dazu öffnen wir im Programm die Datenbank `meine_noten` **mit der Variable noten. Das Programm fragt dich nach der letzten Note. Weil DB.noten eine Liste ist, kannst du mit DB.noten**`.append()` **die neuste Note zur Liste hinzufügen. Die ganze Liste sowie der Durchschnitt werden dann ausgegeben. Zuerst brauchst du auch hier ein kurzes Programm, das die Variable noten in der Datenbank erzeugt.**

```
from database1 import *
DB = Database("meine_noten")
DB.noten = []
```

Hier ist das eigentliche Programm zum Eingeben der Noten:

```
from database1 import *

def durchschnitt(liste):
    summe = 0
    for zahl in liste:
        summe += zahl
    print summe / len(liste)

DB = Database("meine_noten")
note = input("Welche Note hast du?")
DB.noten.append(note)
print DB.noten
durchschnitt(DB.noten)
```

4 Als „Siebnerzahl" bezeichnen wir alle Zahlen, die entweder eine 7 enthalten oder durch 7 teilbar sind. Entwickle ein Programm, das bei jedem Aufruf die nächste Siebnerzahl ausgibt. Dazu beginnt dein Programm mit der Liste [7, 14, 17, 21, 27, 28, 35, 42, 47, 49]. Bei jedem Aufruf schreibt das Programm das erste Element aus der Liste auf den Bildschirm und löscht es aus der Liste.

Einblick in die Computer-Technologie

Besucher einer Webseite zählen

Im Internet werden dauerhafte Variablen eingesetzt, um zu zählen, wie viele Male eine Webseite angeschaut wurde oder wie viele Downloads von gewissen Inhalten vorgenommen wurden. Für jede Seite wird eine dauerhafte Variable eingesetzt und immer, wenn man die Seite aufruft, wird der Wert um 1 erhöht.
Informationen zu Besucherzahlen sind wichtig, weil sie das Interesse an den Seiten dokumentieren. Google oder Youtube nutzen diese Informationen, um dir bei deiner Suche nach gewissen Informationen schneller Angebote zu liefern. Wenn eine Seite häufig besucht wird, wird sie in mehreren Kopien an unterschiedlichen Orten auf der Welt abgespeichert, um sie schneller an verschiedene Kunden liefern zu können. Wenn du nach Stichworten Informationen suchst, werden dir immer Seiten vorgeschlagen, die das Stichwort beinhalten und am häufigsten besucht wurden.

5 Entwickle ein Programm, das dir bei jeder Ausführung die nächste Primzahl angibt. Bei der ersten Ausführung gibt das Programm 2 aus, bei der zweiten Ausführung 3, bei der dritten Ausführung 5 usw.

Was du gelernt hast

Die Variablen einer Datenbank werden langfristig gespeichert und stehen allen Programmen zur Verfügung. Sie heißen deshalb dauerhafte Variablen. Sie behalten ihren Wert auch dann, wenn du das Programm neu startest, oder sogar, wenn du den Computer ausschaltest. Wenn du die Datenbank öffnest, gibst du den Dateinamen der Datenbank an.
Hier stehen die Daten und nicht die Programme im Zentrum. Bei den bisherigen Programmen waren die Variablen Hilfsinstrumente zur Ausübung gewisser Tätigkeiten. Hier sind die Programme Hilfsinstrumente, um Informationen in einer Datenbank zu suchen und zu verwalten.

Daten in Tabellen strukturieren

Wenn du Daten organisieren und strukturieren möchtest, dann reichen Listen und einfache Variablen nicht mehr. In einer Liste kannst du das Alter aller Schülerinnen und Schüler in der Klasse speichern. Aber du siehst den Zahlen nicht an, wer wie alt ist. Dafür ist eine **Tabelle** (Englisch: table) besser geeignet als eine einfache Liste. Deshalb lernst du in diesem Abschnitt, mit Tabellen zu arbeiten.

Vorname	Alter
Usain	32
Elaine	25
Allyson	32
Christophe	27

Erinnerst du dich an den Gemeinde-Lauf aus dem letzten Kapitel? Du hast bereits gelernt, wie du das Alter aller Teilnehmer in einer Liste speichern kannst. Wenn du aber mehr Informationen brauchst, dann verwendest du besser eine Tabelle. Das Alter der Teilnehmer steht damit nicht mehr nebeneinander in einer Zeile, sondern untereinander in einer Spalte.
Die Tabelle in der Abbildung links zeigt vier Läuferinnen und Läufer des Gemeinde-Laufs. Die Tabelle besteht aus zwei Spalten und vier Zeilen. Die Zeilen nennen wir auch die **Einträge** der Tabelle. Jeder Eintrag hat hier also zwei Werte: einen in der Spalte „Vorname" und einen in der Spalte „Alter".

Beispiel 3

Wir legen in Python die Tabelle mit den vier Läuferinnen und Läufern oben an. In der ersten Zeile erzeugen wir mit dem Befehl `Table()` eine neue Tabelle und speichern sie in der Variable teilnehmer. Die Tabelle hat zwei Spalten. Die erste Spalte trägt den Titel „Vorname". Die zweite Spalte trägt den Titel „Alter". Wie bei einer Liste fügst du mit teilnehmer.`append()` einen weiteren Eintrag zur Tabelle hinzu. Jeder Eintrag braucht einen Namen und ein Alter. Wir haben beim Erstellen der Tabelle angegeben, dass wir diese zwei Spalten haben möchten.

```
1  from database1 import *
2  teilnehmer = Table("Vorname", "Alter")
3  teilnehmer.addColumn("Vorname")
4  teilnehmer.addColumn("Alter")
5  teilnehmer.append("Usain", 32)
6  teilnehmer.append("Elaine", 25)
7  teilnehmer.append("Allyson", 32)
8  teilnehmer.append("Christophe", 27)
9  print teilnehmer
```

Neue Konzepte und Befehle

- **tabelle** = `Table("spalte1", "spalte2", ...)`
  Der Befehl `Table()` erzeugt eine neue leere Tabelle und speichert sie in der Variable **tabelle**. In Klammern gibst du für jede Spalte der Tabelle eine eindeutige Überschrift an.
- **tabelle**.`append(wert1, wert2, ...)`
  Wie bei Listen fügst du mit **tabelle**.`append()` einen weiteren Eintrag zur Tabelle hinzu. Für jede Spalte, die du zuvor definiert hast, gibst du einen Wert an.
- **tabelle**.`remove(wert1, wert2, ...)`
  Als Gegenstück zu **tabelle**.`append()` entfernst du mit **tabelle**.`remove()` einen Eintrag aus der Tabelle.
- `len(tabelle)`
  `len(tabelle)` gibt die Anzahl der Einträge in der Tabelle an, also die Anzahl der Zeilen.

6 Frauen und Männer laufen bei einem Rennen in unterschiedlichen Kategorien. Erweitere das Programm so, dass du neben Namen und Alter noch Spalten für das Geschlecht und für die Startnummer hinzufügst.

7 Entwickle einen Befehl `add_person(name, alter, geschlecht)`, der die entsprechende Person zur Tabelle hinzufügt. Die Startnummer soll automatisch vergeben werden. Die erste Person hat die Startnummer 1, die zweite Person die Startnummer 2, usw. Die Startnummer einer Person kannst du mithilfe von `len()` ermitteln, indem du schaust, wie viele Personen bereits in der Tabelle erfasst sind.

Einblick in die Computer-Technologie

Sicherung einer Datenbank

Häufig arbeiten viele Leute gleichzeitig mit einer großen Datenbank. Dazu wird die Datenbank auf einem zentralen Computer (dem Server) gespeichert. Wenn man mit der Datenbank arbeitet, verbindet man sich über ein Netzwerk mit dem Server und lädt die Datenbank oder einen Teil davon auf seinen Computer herunter. Oder man schickt ein kleines Programm an den Server und das Programm wird dort ausgeführt.

Banken haben zum Beispiel eine große Datenbank mit allen Kontodaten ihrer Kundinnen und Kunden. Wenn du am Geldautomat Geld abhebst, verbindet sich der Geldautomat mit dem Server, schaut nach, wie viel Geld du auf deinem Konto hast, und reduziert den Kontostand, nachdem er dir Geld ausgegeben hat.

Wenn viele Leute mit der gleichen Datenbank arbeiten, stellt sich die Herausforderung der **Synchronisation**. Dabei geht es um folgendes Problem: Wenn zum Beispiel Claudia Änderungen an der Datenbank vornimmt, muss man sicherstellen, dass auch alle anderen Nutzerinnen und Nutzer diese Änderung sofort sehen. Weil jeder Nutzer und jede Nutzerin aber eine eigene Kopie der Datenbank auf dem eigenen Computer hat, ist das gar nicht so einfach. Und was passiert, wenn Manuel zur gleichen Zeit wie Claudia eine Änderung vornimmt?

Stell dir zum Beispiel ein Kino vor, das die Sitzplätze der verschiedenen Kinosäle in einer Datenbank verwaltet. Nun wollen Claudia und Manuel gleichzeitig, aber getrennt voneinander den Platz 10 in Reihe 14 reservieren. In so einer Situation muss der Server sicherstellen, dass nicht beide Personen den gleichen Sitzplatz buchen. Er wird also nur entweder die Buchung von Claudia oder die von Manuel zulassen. Vielleicht war Manuel einige Millisekunden schneller als Claudia. In diesem Fall teilt der Server Claudia mit, dass sie sich einen anderen Sitzplatz aussuchen muss.

Neben der Synchronisation müssen Firmen auch sicherstellen, dass die Datenbank und ihre Daten nicht verloren gehen können, selbst wenn der Server kaputt geht. Dazu wird mindestens einmal am Tag ein **Backup** gemacht: Ein Backup ist eine genaue Kopie der Datenbank auf einer externen Festplatte. Diese wird meistens in einem feuersicheren Tresor aufbewahrt.

Es lohnt sich auch für Privatpersonen, wichtige Daten regelmäßig zu sichern und damit ein Backup der eigenen Daten zu haben. Du schützt dich damit auch vor gewissen Hacker-Angriffen, die deinen Computer leeren oder verschlüsseln.

Beispiel 4

Im Zusammenhang mit Datenbanken eröffnen sich bei der Arbeit mit Tabellen viele Möglichkeiten. Die Variable für die Tabelle teilnehmer fügen wir hier in der dritten Zeile zur Datenbank hinzu. Führe das Programm einmal aus.

```
1 from database1 import *
2 DB = Database("gemeinde_lauf")
3 DB.teilnehmer = Table("Vorname", "Alter")
4 DB.teilnehmer.append("Usain", 32)
5 DB.teilnehmer.append("Elaine", 25)
6 print DB.teilnehmer
```

Nachdem das Programm einmal ausgeführt wurde, sind Usain und Elaine in der Datenbank gespeichert. Du kannst die Zeilen 4 und 5 aus dem Programm entfernen. Wenn du das gekürzte Programm jetzt ausführst, dann wird noch immer die Tabelle mit beiden Läufern angezeigt.

8 Erstelle deine eigene Datenbank mit einer Tabelle für den Gemeinde-Lauf. Füge mindestens 10 Personen mit unterschiedlichem Alter hinzu.

Was du gelernt hast

Mit einer Tabelle kannst du Daten und Werte noch besser strukturieren als mit Listen. Die Zeilen der Tabelle sind die einzelnen Einträge. Jeder Eintrag darf mehrere Informationen beinhalten, aber alle Einträge haben die gleiche Struktur. Wenn du eine Tabelle anlegst, dann gibst du an, welche Spalten die Tabelle haben soll. So bestimmst du die Struktur der Einträge. Zu jeder Spalte gehört eine Überschrift.
Ein einzelner Eintrag in der Tabelle hat für jede Spalte einen Wert.

Mit Tabellen arbeiten

Viele der Techniken und Prinzipien, die du im Zusammenhang mit Listen gelernt hast, kannst du auch auf Tabellen übertragen.

Beispiel 5

Welche Teilnehmer des Laufs sind bereits über 30 Jahre alt? Um diese Frage zu beantworten, gehen wir gleich vor wie bei den Listen. Mit einer `for`-Schleife gehen wir alle Einträge in der Tabelle durch. Für jeden Eintrag prüfen wir, ob das Alter größer ist als 30. Wenn ja, dann wird der gesamte Eintrag auf den Bildschirm geschrieben.

```
from database1 import *
DB = Database("gemeinde_lauf")
for eintrag in DB.teilnehmer:
    if eintrag["Alter"] > 30:
        print eintrag["Vorname"], "ist",
        print eintrag["Alter"], "Jahre alt"
```

9 Erweitere das Programm im Beispiel so, dass es zählt, wie viele Teilnehmer über 30 Jahre alt sind.

10 Entwickle ein Programm, das aus einer Tabelle die jüngste und die älteste Person heraussucht und auf den Bildschirm ausgibt. Verwende dazu eine `for`-Schleife.

Neue Konzepte und Befehle

- **`for eintrag in tabelle:`**
  Mit einer `for`-Schleife gehst du alle Einträge in der Tabelle durch und führst für jeden Eintrag den Körper der Schleife aus. Innerhalb der Schleife kannst du auf die einzelnen Felder des Eintrags mit **eintrag["spaltenname"]** zugreifen. Das heißt, du kannst ihre Werte abfragen und sie verändern.

Beispiel 6

Wie bei den Listen kannst du auch eine Tabelle in zwei Teiltabellen aufteilen. In diesem Programm teilen wir die Teilnehmer in Junioren (bis 22) und Senioren (ab 23) auf. Die Teilnehmer sind bereits alle in der Datenbank gespeichert. Hier werden die Teilnehmer nur aufgeteilt.

```
from database1 import *
DB = Database("gemeinde_lauf")
DB.junioren = Table("Vorname", "Alter")
DB.senioren = Table("Vorname", "Alter")
for eintrag in DB.teilnehmer:
    if eintrag["Alter"] < 23:
        DB.junioren.append(eintrag)
    else:
        DB.senioren.append(eintrag)
print DB.junioren
print DB.senioren
```

11 Erweitere das Programm im Beispiel so, dass die Teilnehmer ab 35 in einer Tabelle **veteranen** gespeichert werden.

12 Entwickle ein Programm, das alle Teilnehmer des Gemeinde-Laufs nach ihrem Alter aufsteigend sortiert. Verwende die gleiche Strategie wie in Beispiel 11 von Kapitel 7. Definiere dazu einen Befehl `sort_table(`**sortiert**`, `**chaos**`)`.

Beispiel 7

Wenn du eine Tabelle mit Daten füllst, dann musst du nicht für jedes Feld sofort einen Wert angeben. Die Noten-Tabelle im folgenden Programm hat drei Spalten: Die erste gibt das Fach an, die zweite Spalte enthält eine Liste mit Noten und die dritte Spalte den Notendurchschnitt. In den Zeilen 12 und 13 wird für die Fächer Informatik und Mathematik je eine Liste mit Noten eingetragen. Der Durchschnitt fehlt.

Nachdem du alle deine Noten in der Tabelle eingetragen hast, geht der Computer mit einer `for`-Schleife jedes Fach durch und verwendet den Befehl `berechne_schnitt(`eintrag`)`, um den Notendurchschnitt zu berechnen und in die Tabelle einzutragen.

```
from database1 import *

def berechne_schnitt(eintrag):
    summe = 0
    anzahl = 0
    for note in eintrag["Noten"]
        summe += note
        anzahl += 1
    eintrag["Schnitt"] = summe / anzahl

noten_table = Table("Fach", "Noten", "Schnitt")
noten_table.append("Informatik", [5.5, 6, 5, 5.5])
noten_table.append("Mathematik", [4, 4.5, 4.25])

for eintrag in noten_table:
    berechne_schnitt(eintrag)
print noten_table
```

13 Erweitere das Programm im Beispiel so, dass die Noten-Tabelle in einer Datenbank gespeichert wird.

14 Schreibe einen weiteren Befehl `add_note(fach, note)`, der zur Notenliste im angegebenen Fach eine weitere Note hinzufügt.

15 TigerJython hat bereits eine Tabelle unter der Variable **mountains** fest eingebaut. Die Tabelle enthält eine Liste von etwa zwanzig Bergen, eingeteilt in die Spalten **name**, **land** und **hoehe**. Entwickle ein Programm, das alle Berge heraussucht, die höher als 3000 Meter sind. Dein Programm gibt eine Tabelle mit den Bergen aus, die höher als 3000 Meter sind, sortiert nach Höhe.

16 Entwickle ein Programm, das alle Berge heraussucht, die zwischen 4000 und 5000 Meter hoch sind. Dein Programm schreibt die Berge auf den Bildschirm.

Was du gelernt hast

Wie bei den Listen kannst du mit einer `for`-Schleife alle Einträge in einer Tabelle durchlaufen. Damit kannst du Tabellen nach bestimmten Einträgen durchsuchen, diese ausgeben oder zählen.

Zusammenfassung

Jedes Programm hat seine eigenen lokalen Variablen. Die Werte der lokalen Variablen werden gelöscht, wenn die Ausführung des Programms fertig ist. Eine Variable gehört also nur zu einem Programm, das sie benutzen kann. Die Werte der Variablen in einer **Datenbank** dagegen gehören zu keinem Programm und alle Programme dürfen auf die Variablenwerte zugreifen. Wenn du Daten in einer Datenbank speicherst, behält die Datenbank die Daten auch dann, wenn kein Programm mit der Datenbank arbeitet. Programme dienen zur Verwaltung der Datenbank. Sie dürfen dort nach Informationen suchen, neue Daten einfügen oder alte Daten löschen oder aktualisieren.
Mit **Tabellen** organisierst du Daten und stellst einen Zusammenhang zwischen Werten her. Zum Beispiel speicherst du nicht nur das Alter einer Person, sondern auch den Namen oder andere Daten. In vielen Aspekten sind Tabellen eine zweidimensionale Erweiterung der Listen. Während die Elemente von Listen einzelne Werte sind, enthalten die Tabellen Zeilen oder Einträge, die mehrere Werte haben. Die Werte jedes Eintrags sind in Spalten organisiert. Jede Spalte ist wie eine Liste organisiert, kann aber auch Texte enthalten.

In diesem Kapitel hast du folgende Befehle gelernt:

`from database1 import *`	Lädt die Datenbank-Befehle.
`DB = Database("name")`	Öffnet die Datenbank mit dem angegebenen Namen.
`tabelle = Table("spalte1", ...)`	Erzeugt eine leere Tabelle mit den angegebenen Spalten und speichert sie in der angegebenen Variable.
`tabelle.append(eintrag)`	Fügt einen neuen Eintrag zur Tabelle hinzu.
`tabelle.remove(eintrag)`	Entfernt einen Eintrag aus der Tabelle.
`len(tabelle)`	Gibt die Anzahl der Einträge in der Tabelle an.
`for eintrag in tabelle:` `    Körper`	Durchläuft jeden Eintrag in der Tabelle und führt den Körper für jeden Eintrag genau einmal aus.
`eintrag["spaltenname"]`	Spricht innerhalb einer `for`-Schleife einzelne Felder eines Eintrags an.

Teste dich selbst

Konzepte und Befehle

1 Wozu dienen Datenbanken?
2 Wie speicherst du eine Variable mit ihrem Wert in einer Datenbank?
3 Welche Anweisungen und Befehle kannst du für Listen und Tabellen gleichermassen verwenden?
4 Welche Unterschiede gibt es zwischen Listen und Tabellen?

Aufgaben

1 Entwickle ein Programm, das die Berge in der Tabelle **mountains** nach deren Höhe sortiert ausgibt.

2 Entwickle ein Programm, mit dem du eine Geburtstagsliste der Klasse erstellen kannst. Für jede Schülerin und jeden Schüler wird neben dem Namen auch das Geburtsdatum gespeichert, getrennt nach Tag, Monat und Jahr.

3 Entwickle ein Programm, das aus einer Geburtstagsliste wie in Aufgabe 2 die älteste und die jüngste Person heraussucht und auf den Bildschirm schreibt.

4 Entwickle ein Programm, das aus einer Geburtstagsliste wie in Aufgabe 2 heraussucht, in welchem Monat die meisten Personen Geburtstag haben. Der Monat wird dann auf den Bildschirm geschrieben.

5 Entwickle ein Programm, das alle Personen der Geburtstagsliste nach dem Alter sortiert ausgibt. Achte darauf, dass dein Programm auch richtig erkennt, wenn jemand nur wenige Tage älter ist als eine andere Person.

6 Gemäß dem „Geburtstagsparadox" ist es sehr wahrscheinlich, dass zwei Personen in einer Klasse am gleichen Tag Geburtstag haben. Schreibe ein Programm, das prüft, ob tatsächlich zwei Personen in einer Geburtstagsliste den gleichen Geburtstag haben. Wenn ja, dann werden die beiden Personen auf dem Bildschirm ausgegeben.

Weitere Titel dieser Reihe:
Daten darstellen, verschlüsseln, komprimieren:
Schulbuch 978-3-12-731011-5

Strategien entwickeln:
Schulbuch 978-3-12-731021-4

Originalausgaben:
Programmieren:
Schulbuch 978-3-264-84463-4

Daten darstellen, verschlüsseln, komprimieren:
Schulbuch 978-3-264-84466-5

Strategien entwickeln:
Schulbuch 978-3-264-84469-6

www.einfachinformatik.ch
www.klett.ch
info@klett.ch

Projektleitung und Redaktion: Sara Venzin, Buchlabor Venzin
Projektleitung Verlag: Daniela Ganter
Satz: Typogräfin® Petra Wenger
Korrektorat: Stefan Zach, z.a.ch GmbH
Rechte und Bildredaktion: Simone Zöckler

1. Auflage 1 5 4 3 2 | 22 21 20

Alle Drucke dieser Auflage sind unverändert und können im Unterricht nebeneinander verwendet werden.
Die letzte Zahl bezeichnet das Jahr des Druckes.

Autor: Prof. Dr. Juraj Hromkovič, Dr. Tobias Kohn

Redaktion: Anke Stöckle
Herstellung: Simone Glauner

Umschlagfotos: Container: Alamy stock photo (Zoonar/Simone Buehring), Abingdon, Oxon; Mädchen: Getty Images Plus (iStock/YakobchukOlena), München; Adobe Stock (dannywilde), Dublin
Umschlag und Gestaltungskonzept: Hansen Typografische Gestaltung, Luzern
Illustrationen: Vaidotas Kinčius
Grafische Illustrationen: Brigitte Gubler
Satz: tiff.any, Berlin
Druck: Himmer GmbH Druckerei, Augsburg

Printed in Germany
ISBN 978-3-12-731001-6

9 783127 310016